在《ざい》野《や》堂《どう》々《どう》

『中《ちゅう》山《ざん》世《せい》鑑《かん》』を撃て！

編纂者羽地朝秀の
遺言～千六百五十年十二月～

「胸に五経を知り
心に永遠を思う者が
この世鑑を改訂することを
慎んで願うものである。」

訳

「国家（琉球）の歴史を知り
永遠の価値を求める者が
世鑑の内容を改め
正すことを慎んで願っている」

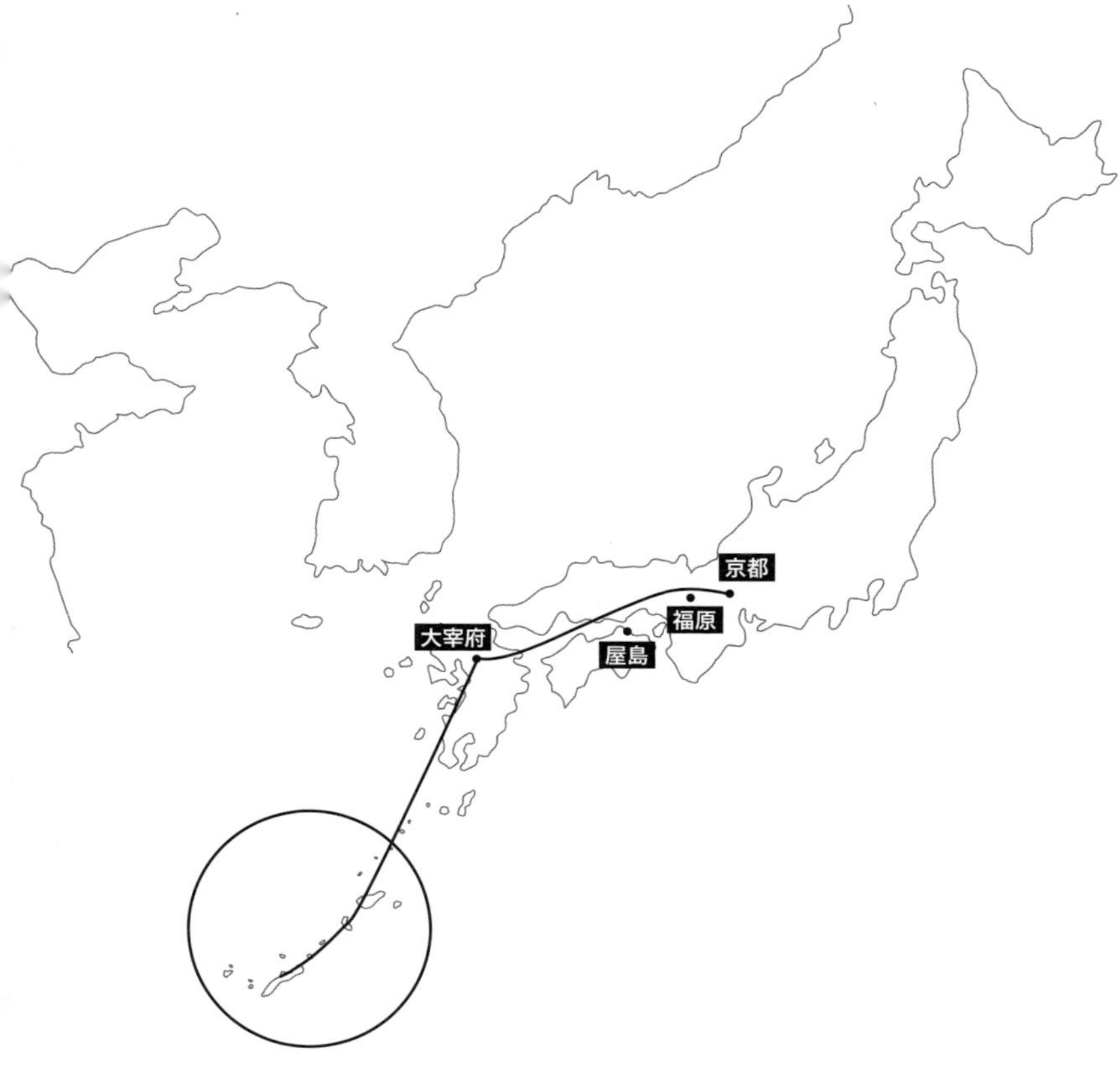
京都
福原
大宰府
屋島

まえがき

沖縄の主張が、今の日本の世に、中々通らないのはどうしてなのだろうか？「沖縄がわがままを言っているからなのか」それとも「お上の決定は、黙って聞くのが沖縄の定めなのか？」いずれにしても、この頃は、

沖縄が外に追いやられ、無視されているように感じるのは、私の僻《ひが》みなのかとさえ思うことがある。沖縄の声などは馬耳東風《ばじとうふう》だとでも言うかのような日本列島の空気は、いつ頃から、どのような経過を経て生まれて来たのか？それを知りたいと強く思っていたのであるが、世間は良くしたもので、このような問いに答を出してくれる人がいたのである。この人こそが、漢字の大家、白川静《しずか》で、氏は言う。「自分を知る最適な方法は、地域の歴史を知ること。自分たちの歴史を忘れた民は滅びます。」と。私は、この強烈な言葉に、我が意を得たのであった。

さて、ふるさと沖縄の歴史を知ることが、今の沖縄を取り巻く空気を知る手がかりだ！

と言う氏の言葉を参考にすると、最適だと思われたのが千六百五十年に発行された『中山世鑑《ちゅうざんせいかん》』であったのだが、あまりにも難《むずか》し過ぎて、自分の手に負《お》えるような代物《しろもの》ではなかったのである。思い悩んでいると、流石《さすが》に救う神もまたあるもので、『中山世鑑《ちゅうざんせいかん》』を判《わか》り易《やす》く解説している本が既に、出版されていたのである。それが諸見友重《もろみともしげ》の『訳《やく》注《ちゅう》　中山世鑑《ちゅうざんせいかん》』であり、早速《さっそく》、目を通してみたのだが、わが目を疑ったのである。それは、別世界に案内されたとでも言うべきか、強烈なショックを伴うものであった。それが何んと、「為朝《ためとも》に関する記事は、『保元物語』そのものである。」と。

まさか、本県の正当な歴史書が、物語であるなんて聞いたことがない。そんなことがある筈はないし、あってたまるか！と少々腹立たしくも思いながらなんだが、その本を買い求めて、読み比べてみた。それが何んと、「そのもの」どころか、丸写《まるうつ》しのコピーだったのである。

例えば、両書のある一節を抜き出して比べてみると以下の通りであった。

先ず、日下力《くさかつとむ》 訳注の『保元《ほげん》　物語』角川《かどかわ》 ソフィア文庫六十ページには、「合戦のようは、いかがあるべし」と左大臣、仰《おお》せられければ、為朝《ためとも》、かしこまって申しけるは、「幼少より九国に居住つかまつりて大事の合戦つかまつること、二十余度なり。あるいは敵《かたき》を落とすに勝つに乗ること、先例に思うに夜討《ようち》にしかじ。」とある。

これに対して『訳注　中山世鑑』の四十六ページには、以下のように現代語に訳している。

「左府(左大臣)はすぐ「合戦の順序を立てなさい」と仰《おお》せられたので畏《かしこ》まって、「為朝は久しく鎮西《ちんぜい》に居住して、九国の者どもを従えましたので、大小の合戦は数をも知りません。中でも意を尽した戦いが二十数度ございます。敵に囲まれた強い陣を破り、或いは城を攻めて敵を滅ぼすにしても、有利なのは夜討《ようち》をしかけるに勝《まさ》るものはございません。」と意味は全く同じなのである。

私は、「正史」に対して、これまで疑うことなどは一切なく、信じ切っていたものだから、そのショックたるや筆舌《ひつぜつ》に尽《つく》し難いものがあり、あまりにも大き過ぎたのである。

しばらくの沈黙の後に、心情《しんじょう》は凄《すさ》まじい怒りに変わり、自分が五十年余りに亘って信じ切っていた沖縄歴史の軸が崩壊したこと、騙《だま》されていたことに気が付かなかった自分に対して、〝怒り心頭《しんとう》に発《はっ》した〟のである。

気分はやがて、百倍返しにでもしなければ気が収《おさ》まらない！
ここで、矛《ほこ》を収《おさ》める訳《わけ》には参《まい》らない！
ということに変わったのである。

「為朝《ためとも》に関する記事が嘘だ！」とするなら、その他にも嘘の物語が織り込まれているに違いないと肚《はら》を据《す》えて、「正史」に対して、矛先《ほこさき》を向けることにしたのである。

専門家でもない自分が、「正史」に立ち向おうなんて、正に、気違《きちが》い沙汰《ざた》に近く、それこそ蟷螂《とうろう》の斧《おの》にも似たような心境ではある。しかし、ここは在野《ざいや》であり、何も憚《はば》かるものがない。大胆に持論を物語《ものがた》ってみることにしたのである。「正史」の記述に対する評価は、あくまでも自分の直感や発想に基《もと》づいたものである。先ず、ここで取り上げるテーマは、「正史」の中で最も関心がある「天孫氏《てんそんし》を滅ぼした逆臣、利勇《りゆう》」の記述を中

心に進めることにした。それは、これまで利勇の記述は正しい！と金科玉条《きんかぎょくじょう》のように後輩に伝えて来たからであり、今となっては、誠に恥ずかしい限りなのである。というのは、「為朝《ためとも》に関する記事が大嘘《おおうそ》であるなら、利勇《りゆう》に対してもそれは同じであるから」であり、物語では、そのリユウについても、色々な視点から綴ってある。

また、この他にも「正史」の作者が、示唆《しさ》していることが多々あり、興味関心のある項目だらけと称しても良い程であるのだが、ところがなのである。それは、興味関心のある所をすべて取り上げてしまうと、この物語の完成は、いつになるのか判らない。それで、「利勇」の時代を中心に書き始めたのだが、どうしたことか物語は、琉球王朝が成立したと言われている一一八七年から一六〇九年の島津の琉球占領以降の時代が中心になってしまっているのである。

この時代を鳥のような目で、高い所から眺《なが》めてみると、明らかに二つの時代に分かれるのである。

ひとつは、「琉球の島々が、アジアの架《か》け橋として輝いていた時代」とふたつ目は、「自分たちの主張を制限され、呻吟《しんぎん》を余儀なくされながらも、時代を切り拓く意志を貫いた時代」とにである。この不思議。

これは多分に、沖縄に対する「日本列島に漂う馬耳東風《ばじとうふう》のような空気」と関係しているのだろうと思っている。つまり、この二つの時代に、その理由を「解きほぐす鍵」があるよと。とは言うものの、残念ながら、大きな壁は千六百五十年以来、三百七十年余りに亘《わた》って、「正史」の記録は　私がそうであったように　事実であると、口移しで伝えられ既成事実になっていることである。「何を今更《いまさら》、ぬかすのだ」という風潮があり、事実を共に解明することを困難にしていることである。

更にまた、不思議なことなんだが、この島々は、多種多様な沖縄の専門家や歴史の研究者たちをこれまで沢山輩出しているにも拘《かかわ》らずにである。どうしてなのか？「沖縄の正史は、物語や嘘で固められているものを含んでいるよ！」と。

どうして、警鐘《けいしょう》を鳴らさなかったのかということである。これには、様々な理由があったであろうが、情《なさ》けなく、残念至極《ざんねんしごく》と言う他はない。では！

「わが沖縄県の正しいとされて来た歴史書は、物語で構成されている嘘の歴史を含んでいる」と知った以上、このまま黙って引き下がることができるのか？なのである。

とてもとても、できる訳《わけ》がない！

それは、再び、後々の世代に嘘の歴史を伝えることになる訳であり、それはできないのである。ならば、どうするかである。

それこそ在野《ざいや》に居《い》る者たちが集い、学び合って、語り伝える時であろう。沖縄の島々に漂《ただよ》う面妖《めんよう》な空気を吹き飛ばすのが、在野の人たちなのである。彼ら、彼女らは、自分の仮説や持論を堂々と主張できる人達であり、且《か》つ、新時代を切り拓《ひら》いたのも男女を問わず野《や》に在《あ》る人たちが担《にな》って来たのである。これが、歴史の常であったではないか！と。

このような思いが、フツフツと湧き上がって来て、背中を押され続けている。

「五十年余り沖縄を学び、考えたことをもとに、自分なりの歴史物語を綴ってみよう！」と決意して、ほぼ半年の間、ドタバタと右往左往《うおうさおう》しながらではあったが、やってみると、こんなに痛快で面白いことは、今まで無かった。ことは、やってみるに限る！である。

自分と闘わずに、敗北し、尻尾《しっぽ》を巻いて逃げる訳《わけ》にも行くまいと、齢《よわい》、七十五歳を過ぎてしまった今、若い頃にそれに気が付かなかったことは、少し癪《しゃく》ではあるが、それでも、やってみるに如《し》くは無し《なし》！と年がいもなく、綴《つづ》ってみたのである。

これが少しでも、後輩たちの心を刺激するひとつの仮説物語として、沖縄の歴史に興味を抱く人が誕生するキッカケになって欲しいと、密《ひそ》かに心待ちにしている。

在野《ざいや》堂々《どうどう》『中山世鑑《ちゅうざんせいかん》』を撃て！◉目次

【目　次】

勢理客《じっちゃく》が語る

沖縄の地名には、珍しいものが多い。例えば、勢理客と書いて「セリキャク」ではなくて「ジッチャク」と言うのだが、しかしこの頃は、だんだんそう言う人も少なくなって来ている。

どこの、どなたが、どんなわけがあって、「ジッチャク」にこのような漢字をあてたのか？今となっては、皆目見当《かいもくけんとう》もつかない。以前から「何でかねぇー」と不思議な思いに包まれていたのだが、あろうことか沖縄には、「勢理客」の地名が三つもあるのだ。今帰仁《なきじん》と伊是名《いぜな》、浦添の三カ所であり、佐敷《さしき》には、勢理客という名門の姓もある。これらは、いずれも沖縄歴史にゆかりのある場所だけに、気になるのである。

更に、調べて判ったのだが、何んと、沖永良部《おきのえらぶ》にもこれと似た「瀬利覚《せりかく》」があるのだ。私は、歴史に思いを馳《は》せる時には、地名や人名、神話などを参考にしながら遊び、楽しんでいるのだが、ボーッとして、リラックスしている時に、思いがけない着想をもらったりする。

正に、この「勢理客」の場合がそうであり、「同じ地名が連続してあるのは、何らかの意味やメッセージが込められているものだ」などと連想し、思い立ったのである。「この勢理客の漢字たちは、何を伝えようとしているのか？」と。

参考にしたのは、名護親方の『琉球いろは歌』や白《しら》川《かわ》静《しずか》著の『字《じ》通《つう》』などである。

それでは、「勢理客」が語る謎《なぞ》解《と》きの旅へ参ることにしよう。

この旅のナビゲーターは、私のアバターであるハベルとタオに担《にな》ってもらうことにする。二人にいろいろ語ってもらった。

ハベル　「幕開《まくあ》けのテーマに、ジッチャクが語るってなっていますわよね？タオは、作者に何か言ったの？

タオ　「うん！言った！言いましたよ。地名が面白いよって！」

ハベル　「どうしてなの？また何かあったの？」

タオ　「あのジッチャクという地名だよ！それが実に愉快なんだ。おかしいかい？」

ハベル　「もう慣《な》れっこになっていますわよォー。あなたの発想にはね。それで、ジッチャクから何かが見つかったの？」

タオ　「いつもの方法を使ったんだよなァー。あの白川先生の『字通』をサァー。それぞれの漢字の意味を調べたのよ」

ハベル　「やっぱりねぇー、またなのね。名護親方の『琉球いろは歌』で使ったあの手、

それを使ったのでしょう?」

タオ「そう! その通りだ」

ハベル「いろは歌の漢字を調べたら沖縄口《うちなーぐち》が判《わか》らなくても意味が解《わか》る! それでしょう?」

タオ「そう! 何かを暗示《あんじ》しているみたいでサァー、それがワクワクものだったんだよなァー。」

ハベル「アラ! そうなの、勢理客の漢字からですの? 何かを言っているですって。そんなことがあるのかしら。で! 何と言ってますの」

タオ「それが何とも不思議なんだよなァーいつもの通り漢字の意味をですよ! 一字ずつ調べたのよ。それが面白いこと! 面白かったんだよなァー。先《ま》ずはだよ! 勢《いきお》いは、さかん、いきおい、ちから、それに群れとか、かたまりなどの意味があるんだよね。理《り》は、ととのえる、すじ、みち、で客《きゃく》は、まれびとや旅人、他から来た人、という意味の他に、何んとですよ! 仮に住む、こんな意味があるんだ」

ハベル「そう、不思議ですわねぇ！何んてことでしょう。こんな意味があるなんて…。それでまた、言葉たちをつなぐのでしょう？」

タオ「そう！そうなんだよ！

勢《いきお》いは、力《ちから》のある群れ、理《り》は、筋道を整《ととの》えるでしょう？

客は、他から来た人たちが、仮に住むを選んだら？」

ハベル「群れを人の集団に置き換えますと、もっと判《わか》り易《やす》いわよね。だから…。

勢いと力のある人間集団が、筋道を整える為に、仮に住んだ所！はどうかしら」

タオ「いいねぇ！仮に住んだ所をサァー、移動して一時的に拠点とした所にするどうだろう。イメージが湧いて来るよね？」

このように、二人の会話を聞いていると、勢理客の地名は、後世の我々に対し挑戦しているようにも感じられるのである。つまり、「この漢字を使ったリユウが解《わか》るかい」と。それはまるで「解《と》いてみよ！」と言わんばかりなのである。

それで、挑発に乗って遊んでみることにした。
この地名が問いかけているのは、
①どうして同じ地名があるのか判るかい？
②勢いのある集団とは、どういう人々か？
③道筋を整えるとは、どういう意味か？
④沖縄に移動したリユウ、目的は何か？
以上の四点である。

この①から④の問いに答えを出す為に、物語の舞台は、沖縄の「正史」に「利勇」が登場する千百八十六年を軸に設定して物語を展開することにする。

勢理客が連想させるもの

世鑑に「利勇」が登場するこの時代、十二世紀後半の沖縄周辺国の実情は、凡《おおよ》そ次の通りである。先《ま》ず、日本は、日宋《にっそう》貿易などで栄華《えいが》を極《きわ》めている平氏《へいし》と、武士の時代を切り拓こうとしている源氏《げんじ》とが、鎬《しのぎ》を削《けず》る争いをしている。中国は、宋《そう》が女真族《じょしんぞく》の金《きん》との争いで南に退《しりぞ》き、南宋を開いている。朝鮮は、武人政権が始まり、治安が乱れ、海外に進出できる状況にはない。

このような沖縄を囲む、おおまかなアジア情勢の中で、勢理客に係わりそうなグループや集団があるのか？と。

また、「たまたま」なのだが、そんなことを思い悩んでいる時に、何んと！

奥里将建著《おくざとしょうけん》の『沖縄に君臨した平家《へいけ》』に出合ったのである。神の思《おぼ》し召《め》しなのか？と。この本には、奇々怪々《ききかいかい》な記述があって、道が開けたように感じたのである。

関係のある部分は、以下の通り。

「ちゃんとした歴史理論の上に立って平家物語を読み、厳しく再評価して行きさえすれば、平家が壇の浦で全滅していなかったということは、何人《なんびと》にも深く理解されて行くことである。従来この点で明らかにされていなかったのは、学界まで判官びいきに陥《おちい》っていたからであろうか。

ところが当時の公卿《くぎょう》日記として有名な『玉葉《ぎょくよう》』（藤原兼実《ふじわらかねざね》）を見ると、文治《ぶんじ》三年二月十九日の条には、「平氏は讃岐《さぬき》の八島《やしま》に帰り住んでいる。その勢《いきおい》三千騎《き》ばかり云々《うんぬん》……また維盛卿《これもりきょう》三十艘ばかり率いて南海を指して去って行った云々（原漢文）」という明記があり、これは壇の浦合戦の翌々年のことで

あるから、平家が壇の浦で全滅していなかったということは、最早疑いを容れないところではないか。

『玉葉』の資料的価値は高く、歴史家たちにもよく利用されているにも拘わらず、前記『玉葉』の資料が何故利用されないのであろうか」『沖縄に君臨した平家』三頁より

奥里氏のこの記述は、藤原兼実《ふじわらかねざね》の日記『玉葉』からの引用であり、時は文治三年二月十九日の条、つまり、千百八十七年のことである。驚くべきことに、この年は「平家が壇の浦で全滅した」とされている二年後のことであり、この記述の通りに「平家は滅ぶどころか、密《ひそ》かに八島(屋島)に集結していた」ということなのだ。また、この年はまた、「利勇が天孫氏を滅ぼした」とされている一年後の記録でもある。

以上のことから、イメージがどんどんふくらんで来て、ほくそ笑んだのである。

つまり、勢理客の地名は、「維盛《これもり》が目指《めざ》した南海」と「天孫氏《てんそんし》を滅ぼしたとされている利勇《りゆう》」とをつなぐ要《かなめ》に位置しているのではないか?と。

刹那《せつな》に、稲妻《いなづま》のような閃《ひらめ》きと直感とが全身を貫いたのである。これの意味するものは一体！何なのか？と。

ハベルとタオに推理してもらうことにする。

ハベル「玉葉ってサァー、信用できるのかしらねぇー。だって、平維盛《たいらのこれもり》は、死んだってことになっていますでしょう。源平《げんぺい》の合戦で。そう記録されていますもの。」

タオ「確かにそうだ！でも玉葉は、あの時代の記録としてはだよ？一級の資料だって、そう評価されているんだよねぇー…」

ハベル「だからって信用できるのかしら…」

タオ「そこなんだよなァー。これまでの歴史記録と玉葉とをはかりにかけて、どっちを信用するかなんだよ。」

ハベル「奥里さんもあの著書で書いていますよね。玉葉の記述が評価されていなのは不思議だって…。ってことはですよ、歴史を研究している人たちは、玉葉の記述は眉唾と思っているんじゃないかしらねぇー」

タオ　「眉唾《まゆつば》かどうかは、その人しだいでしょうよ。それについて、とても参考になることを言っている人がいる。」

ハベル　「そんなことを評価する人ってサァー、どんな種類の人なのかしらねぇー。」

タオ　「それが、琉球大学の元名誉教授の仲宗根政善《せいぜん》なんだよなァー。」

ハベル　「あの沖縄の戦争で、ひめゆりの乙女たちを引率したというあの方ですの？」

タオ　「そう！彼は奥里氏の学説は、射程が遠く、飛躍もあるが、独創的であると言っている。」

ハベル　「射程《しゃてい》が遠いって、面白いわ。それってどういうことかしら」

タオ　「まだ、誰も言っていない平家のことを書いたからでしょう、多分に。でも、それを証明するのに時間がかかるってことじゃないかなァー。」

ハベル　「なるほどですわねぇー。沖縄は源氏《げんじ》、タメトモですものねぇー。それを引っくり返すようなことですもの。とてもとても考えられません。飛躍が過《す》ぎますわ。」

タオ　「でもよ！沖縄の正しい歴史の本とされている『中山世鑑《ちゅうざんせいかん》』は、『保元《ほげん》　物語』を丸写《うつ》ししているんだよね。タメトモのところは。それを考えるとサァー、あながち的《まと》はずれとも言えないと思うなァー、僕は。」

ここで再び参考までに、沖縄の「正史」と『保元　物語』とを対比してみる。（以下前述の保元物語四十七頁より）

「総《そう》じて今度の大将を辞退申し候《そうろ》ふことは、為義《ためよし》、先祖より相伝して塵も据《す》ゑず、夜昼護《よるひるまも》り、いとたのみ候ひつる着背長《きせなが》、あまた候ふ。月数《つきかず》、日数《ひかず》、源太《げんた》が産衣《うぶぎぬ》、薄金《うすがね》、膝丸《ひざまる》、八竜《はちりゅう》、沢潟《おもだか》、盾無《たてなし》と申す八嶺《はちりょう》の鎧《よろい》、風に吹かれて四方へ散ると、夢想の告げ候《そうろう》あひだ、かたがた、はばかり多く候ふ」と。

これに対して、諸見友重《もろみともしげ》著の『訳注《やくちゅう》　中山世鑑《ちゅうざんせいかん》』四十三頁、「ことごとく、このたびの大

将軍のことはつつしむべき理由が多くございます。いささか宿願のことがあって、八《はち》幡《まん》に参籠《さんろう》しましたところ、神託がございました。またその後、祖先から何代も伝わっている月数《つきかず》、日数《ひかず》、源太《げんた》の産衣《うぶぎぬ》、八龍《はちりゅう》、沢瀉《おもだか》、薄金《うすかね》、楯無《たてなし》、膝丸《ひざまる》と申す八嶺《はちりょう》の鎧《よろい》がございますが、辻風に吹かれて四方に散る夢を見ましたので、いずれにしても遠慮しております。まげて今度の大将は別の者に仰《おお》せ付け下さい」とある。

ここまで来ると、よくも丸々写《まるまるうつ》したものだと感心せざるを得ない。タメトモに関して現実にはありもしない物語の記述をよくもまァーまた、七十年余りも知らないで来たものだと、悔しさを通り越して恕《ゆる》し難《がた》いのである。

ここでまた、二人に聞くことにする。

ハベル　「タオは、平氏が沖縄に来たという奥里説を支持するってことですの?」

タ　オ　「そりゃー、全くその通りでサァー、平家はやっぱり沖縄に君臨したと思うんだなァー。」

ハベル「どうして、そこまで断定しますの？」

タオ「南海に去った維盛《これもり》の記述なんだよ。実は彼と彼の仲間をですよ！利勇に当てはめてみたんだよね。仲間の誰かは、先兵というか、つまり、平家の本隊三千騎が沖縄に上陸する前のナビゲーターだった！って考えるとですよ！実に愉快な話になるんだよね？」

ハベル「正体が不明だという利勇は、平家の維盛《これもり》だった！とそう言いますの？そんな発想、無理過ぎませんこと？すごく面白いんですけど…でもやっぱり、突飛すぎますすわ。」

タオ「確かに突飛かなァーと最初は思ったんだけどね？でもなァー。あの沖永良部の瀬利覚、その地名が気になってサァー。」

ハベル「また地名ですの？どうしたのよー。」

タオ「地名は、文書のようには焼けないでしょう? 人から人へ口移しで伝わって行くから消し去ることはできないんだよね。だからなんだ。歴史の真実を考えるには、とても大切な手がかりになっている…。」
ハベル「それで、セリカクには、どんな意味があるのかしら、また漢字から迫りますの。」
タオ「そういうことです。伊達《だて》や酔狂《すいきょう》で漢字を当ててはいないと思うんだよね。セリカクの意味が妙《みょう》なんだよなァー。」
ハベル「妙ですの? どういうことかしら?」
タオ「瀬は、渡ったところでしょう? 利は、勢い良くとか、素早く通ったで、覚は、目ざめる、さとる、こんな意味なもんだから驚いたのよォー!」
ハベル「面白いですこと。どうまとめたのかしら。」
タオ「いい? 目覚めた人たちが、先発隊として、素早く渡った所になるんだよ。」
ハベル「まァー、ビックリですわ! 利勇《りゆう》は維盛《これもり》で、彼は沖縄に渡った? と言いますの? ホントにまァー、何と言ったらよろしいのでしょう。」

タオ「平氏の先発隊は、維盛本人でも良いし、彼に代わる者でもいいと思うんだ！平氏の代表としてサァー、セリカクは、だから彼らが急いで渡って行った所だ！と推測できるんだが…どうですか？」

ハベル「でき過ぎって感じがしますけど…でもそこから伊是名島は、目と鼻の先でしょう？拠点をつくる為に渡って行った…しかも急いで！点と点とがつながって、つじつまが合いますものねぇー。」

タオ「それだけじゃないんだなァー。伊是名に渡るでしょう？その先がある。そこから今帰仁は目の前なんだ。その動きが手に取るように判る。だから、頃合いを見て運天に渡る。運を天にまかせてね？今帰仁の勢理客は、運天の隣りにあるんだ。とても近い。」

ハベル「わかったわ。そこで平氏の本隊を迎える準備をしたと言うのでしょう？『おもろさうし』にあるじゃないのよォー。勢理客の神女のおもろが…。つながったわねぇー。」

『おもろさうし』外間守善《ほかましゅぜん》　校注《こうちゅう》を紐解《ひもと》いてみる。その下巻、第四の四十六より。

「勢理客の神女《のろ》の
あけしの神女《のろ》の
雨くれ降ろちへ
鎧《よろい》濡《ぬ》らちへ

勢理客のあけしの神女が
雨を降ろして
鎧を濡らして困らせ

又　運天着けて
小港着けて

運天に
小港に着けて

又　嘉津宇嶽下がる
雨くれ降ろちへ
鎧濡らちへ

嘉津宇岳にある
雨雲を降ろし雨を降らし
鎧を濡らして困らせ

又　大和《やまと》の軍《いくさ》
山城《やしろ》の軍《いくさ》

大和、山城の軍勢を
退けるのだ」とある。

「今帰仁の神女のおもろ」は、伊是名の勢理客から海を渡って、今帰仁の運天へ、そしてその隣りにある勢理客へ移動した平氏の一行を生々しく表現しているのではないか？「大和の軍《いくさ》」は、その軍勢を表現していて、為朝一人ではなく、集団ですよ！と詠《うた》っている。その上に、鎧兜《よろいかぶと》は正に、源平《げんぺい》合戦の出で立《いた》ちそのものである。それこそ、南海に去って行った平維盛《たいらのこれもり》一行、三十艘《そう》の一部の姿そのものではないか？ここで又、直感が走る！

「ウンテン」は、維盛卿《これもりきょう》ら一行の言葉であり、「正史」は、これを「タメトモ」にスリ替えたのではないか？ということなのである。

その「リユウ」は、先ず、『中山世鑑《ちゅうざんせいかん》』の為朝《ためとも》に関する記事は、『保元《ほげん》物語』の丸写しであること。なので、為朝が沖縄に来る訳はないし、彼が語ったと伝えられている「ウンテン」も架空《かくう》の創作とされた物語であると断定せざるを得ないのである。しかし、誰かが言ったことは、確かなことであろう。

それは、今帰仁神女《のろ》のおもろが詠《うた》っているように、一人の英雄ではなく、鎧武者《よろいむしゃ》の集団のことであり、それこそ「平維盛卿《たいらのこれもりきょう》とそれに準《じゅん》ずる者たち」と推定するのが、よっぽど真実に近い。更にまた、「勢理客」が語っているのも外から来た目覚めた集団であり、一人の英雄の話ではないのである。

さて、話は変わるが、諸見友重氏の沖縄の「正史」に対する一撃から『中山世鑑』に対する見直しが表に出始めたことは、嬉しく、喜ばしい現象である。それは、心ある県民をはじめ、郷土史を研究する人たちのたゆまない努力のお陰である。

「正史」の疑わしい記述については、補い、訂正も辞さない心構えが必要であろう。白川氏が指摘するように、自らの真実の歴史を知る為にである。

では、ここで、①の質問である「同じ地名がある理由は何か？」と②の勢いのある集団について、タオとハベルはどう考えているのか？彼らの話を聞いてみることにしよう。

ハベル　「②の勢いのある集団ってサァー、玉葉を参考にしますと、それって…平氏《へいし》の集団ではないかしらって考えられるんですけど、どう思いますの？」

タオ「全く、その通りだって!僕は、断定して良いと思っているんだ。だってですよ！琉球王朝は、彼らが移動している時期と全く一緒！その時期に成立している。」

ハベル「その時期っていつのことですの？」

タオ「あー、それは、千百八十七年のことなんだけど、その時代に、源氏《げんじ》の集団移動はないんだ。だから、為朝《ためとも》一人と平氏集団の移動！どっちが真相《しんそう》に近いかなんだよなァー。疑問の余地はないんだ。」

ハベル「やはり、そう言い切るのネ、流石《さすが》ですわねぇー。思い切りがいいと言いますか、確信しているって、気は確かですの？」

タオ「そう！気は確かですよ！確信している！平氏は、再起を期す為に南を目指《めざ》した訳《わけ》でしょう？源氏《げんじ》に知られずに…。だから、自分たちの移動ルートを秘密にしていたんだ。彼らの合言葉が、セリカク、セリキャクだったんだと…。」

ハベル　「まァー！地名が暗号だったと言いますの？源氏に気づかれないように、地名が合言葉であった！と、そういうことですの？」

タオ　「僕はそう思っている。」

ハベル　「勢理客が合言葉だったなんて、こんな発想、とても信じられませんわ。」

タオ　「南海への旅の道標《みちしるべ》は、岬とか山とか、地名とかが必要なんだ。だから、後から来る者たちへ、勢理客を目指して集結できるようにしたんだよ。彼らは、最初から、そのように仕組んでいたんだと思うよ！日宋貿易をしていた人たちなんだから。南海ルートをチャンと熟知していた！とそう思うんだなァー。」

ハベル　「たとえ勢理客が外に洩《も》れたとしても、地名だから源氏に疑われることもない。

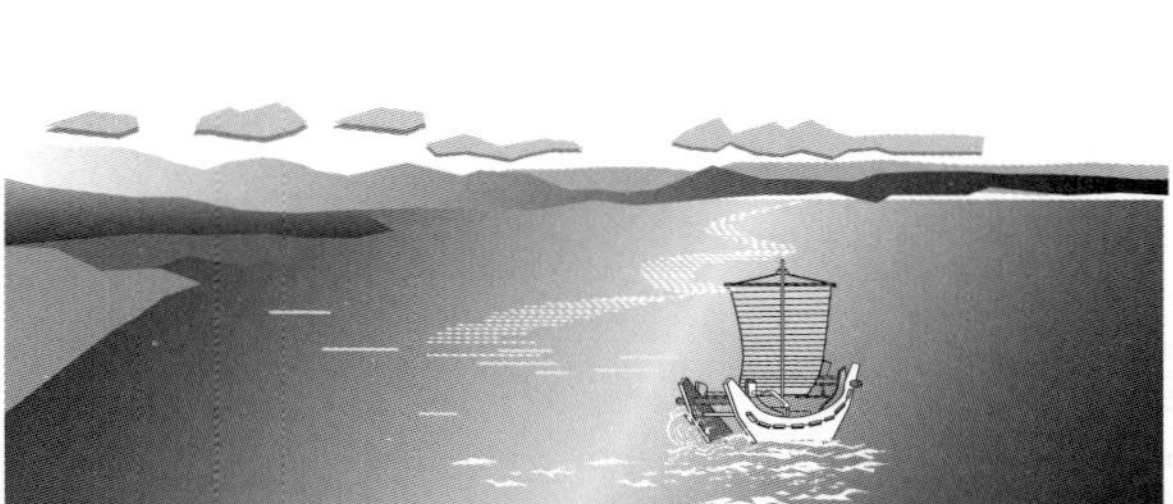

勢理客を探してやって来い！という風な合言葉だったと言いますの？」

タオ　「その通りだ！だから三千騎が一挙に渡るのではなくて、三十艘《そう》の一部の小さな集団にしてですよ！秘密裏に次々と渡って行ったんだと思うんだ。それで安全に集結することができたんだとね？」

ハベル　「何とまァですわ。そこまで推理しますの。」

ところで、『今帰仁勢理客の神女《のろ》のおもろ』が記録として残った意味は大きい。古い時代に起きた事実の一端を暗示していて、抹殺《まっさつ》することができなかった貴重な記録と思って良いのである。その歌は、様々なことを連想させてくれるのだが、ひとつだけ腑《ふ》に落ちないことがあるのだ。それは、「運天着けて、小港着けて」の小港とは一体！どこなのかということである。

私は、幼い頃から今帰仁に住んでいたのだが、小港に相当する地名は聞いたことがない。それで、小港は、運天のくり返しの表現か、あるいはまた、運天の別称《べっしょう》かも知れないなどと自分に言いきかせて、そのままにしていたのだが…しかしである。「ホントにそれで良いのですか？」と心の声がする。やはりなァ、気になっていることは、そのまま心に仕舞《しま》っておくことはできないものだ！と。

それで、またぞろなのだが、沖縄本島の地図を取り出して、「小港」に関連した地名があるかどうか？探索を始めたのである。先ず、

運天港を北に出て、本部《もとぶ》半島に沿いながら南に目を移す。備瀬崎《びせざき》と伊江島の間を通り抜け、瀬底島と健堅《けんけん》の水路を南下する。がしかし、小港をイメージさせるような地名は見当たらない。残波岬から那覇に向う途中に、港の文字がついた「牧港」がある。これも候補地のひとつかも知れない！などと頭に入れながら、浦添の勢理客に視線を向ける。

安謝川が目に入り、周辺の地図を注意深く見ていると何んと！その北側に小湾《こわん》川があるのである。勢理客は、この川と安謝川との間にあるのだ。

小湾川のほとりは、目立たない入江になっていて、当時としては、秘密裏に集結す

る最適な「小港《こみなと》」だったのではあるまいか。しかも運天と同じように勢理客がある。

ここでひと休み。

この本の執筆中に、不思議なことが起きたのである。これもまた「たまたま」なことなのだが、伯母から突然、チケットを頂いたのである。

「組踊《くみおどり》を観《み》ておいで！」と。それで女房と二人で出かけたのであるが、その舞台は、組踊保持団体の新春組踊大公演であった。

この中の「万歳敵討《まんざいていちうち》」の名場面。「主人公の高平良《たかでーら》とそのファミリーが、小湾村の浜に下りて遊ぶシーン」にビックリしたのである。丁度、「小港着《こみなと》けて」という「今帰仁の神女《のろ》のおもろ」を推理している途中のことであったので、胸が騒いだのである。つまり、「高平良は、平氏《へいし》

を推理している途中のことであったので、胸が騒いだのである。つまり、「高平良は、平氏の末裔《まつえい》の姿であり、小湾村は、勢理客のことではないか？」と。また、その場所は、「ありし日の平氏一族が長い間、ゆかりの地として親《した》しんで来た所ですよ」との暗示のように感じたのである。

この作品は、踊奉行《おどりぶぎょう》の田里朝直《たさとちょうちょく》の作であり、初演は、千七百五十六年のことだと紹介されている。

沖縄の「正史」の出版から百年余り経ってはいるが、作者の羽地朝秀《はねぢちょうしゅう》が書けなかったことをそれとなく、物語に落し込んだのではないか？とか、田里は、「勢理客」の意味を知っていたのではないか？などと。

私が今！進めている物語とあまりにも似ているものだから、そう感じたのである。

それはあたかも「首里王府の中心に居《い》るのは源氏ではなく、平氏《へいし》の裔《えい》たちですよ」と、そう言っているかのようにである。

「また！無理矢理《むりやり》にこじつけているよ」との声が聞こえなくもないが、このような奇妙《きみょう》な符合《ふごう》が「たまたま」やって来るものだから、たまらなく愉快になるのである。

これはまた、古《いにしえ》の先人たちからの贈りものであろうと感謝し、「やったネ！」と心が躍った。「小港」は、小湾村に間違いない！と、そう確信した瞬間であり、腑《ふ》に落ちたのである。以上、勢理客の地名から、「平家の先発隊が辿《たど》った南海のルートは、沖永良部《おきのえらぶ》から伊是名島を経由して、今帰仁の運天から隣りの勢理客へ。

ここで一服して旅装《りょそう》を整えた後に、一行が目指したのは、浦添の小湾川のほとりであった。」と、このように推定できたのである。

流石《さすが》に、ここまで来たら、どうして最終の終結地が浦添の勢理客だったのか？という問いに、答を出さなければならないのだが…。

さて、どうしたものかとまたぞろ、思いを巡《めぐ》らすのであった。

〈宇治真《うじま》ケ原《はら》と伊祖城《いそぐすく》〉

今から十二年程前のことであるが、浦添商業高校で「いろは歌」の講義を依頼された。その後に、同校の校歌を聞いたのだが、歌詞に不思議な一節があった。それは、「宇治真《うじま》が原《はら》に風かおり、緑に萌《も》ゆる伊祖城《いそぐすく》…」であり、この「ウジマがハラ」とは、どういうことか?と…。様々な人に聞いて回ったのだが、意味不明のまま、ただ時間が過ぎて行ったのである。

私の文章には、「たまたま」という表現がたびたび出てくるのだが、しかし、どうも偶然とは思えないのである。

その日も「たまたま」だったのだが、友人からもらった本、金城唯仁《きんじょういじん》著の『琉球国旗の巴旗《ともえばた》』を開いている時に、沖縄の五大偉人とされている宜湾朝保《ぎわんちょうほ》の琉歌に出合ったのである。それは、

「驚暁鐘《きじょがに》や鳴《な》てぃん　覚《うじ》むしや居《う》らん
一期《いちぐ》くぬ世界《しけ》や　闇《やみ》がやゆら」と。意味は、

「時代の夜明けを告げる鐘が鳴っても、それに気付く人は居ない。私の人生は闇なのか」である。この歌に対するかのように、

「何時《いち》ん暗闇《くらやみ》ぬ　道《みち》に居《う》み一人《ひちゅい》　月鳴響《ちちとぅゆ》む間《えま》ぬ　思《う》みぬ苦《くり》しゃ」と。意味は、

「いつも闇の中に居る一人ではありません。月が満ちるまでの辛抱ですから」の古歌があると。

〜『琉球国旗の巴旗』より〜

このような歌の時代背景は、おおよそ以下の通りである。

「明治政府は、千八百七十二年に琉球王国を廃して、琉球藩にすることを決定。琉球国の使節代表としてこれを承諾したのが宜湾朝保《ぎわんちょうほ》であると主張し、敵対したのが亀川親《うぇー》方《かた》らの一党であった。清国《しんこく》につくべきだと主張する彼等と明治政府に賛同する宜湾親方らの間で深刻な争いが勃発《ぼっぱつ》し、それは日清戦争後まで続いたのである。

しかし、千八百七十九年、明治十二年に琉球藩は沖縄県になったのだが宜湾親方は、この争いで心労が重なったのか千八百七十六年に四十三歳の若さで逝去し、沖縄県の誕生をみることはなかった。」

以上が宜湾親方の琉歌のおおまかな時代背景である。この琉歌のお陰で十数年ぶりに「ウジムシ」から「ウジマ」の意味が解けたのであった。何とまァーなのだ。「ウジマ」とは、沖縄口《うちなーぐち》だったのかと絶句《ぜっく》したのである。ことほど左様《さよう》に、島言葉《しまくとぅば》が判らなくなった自分を責《せ》めると同時に、長年気になっていた言葉の意味を知ることができて、思わず快哉《かいさい》を叫んだのである。それで、校歌の意味が解けて、以下のようになった。

「ウジマ」のウジは、漢字で表現すると「覚《かく》」であり、それは、さとる、めざめる、覚醒《かくせい》の意味である。また「マ」は、ウルマのマと同じで場所を表現する沖縄口《うちなーぐち》である。更に、「ハラ、バル」は、みなもと、はじめ、根源、耕作地など を意味する島言葉《しまくとぅば》であり、「ウジマがハラ」をまと めると、「目ざめた源《みなもと》の地」とか「覚醒《かくせい》した原点

の地」などの意味になり、その地こそが「緑に萌《も》ゆる伊祖城《いそぐすく》」なのだと。

校歌は、大変な意味を秘めたメッセージを送っているのである。作詞者の長井善達《ながいぜんたつ》氏に是非お会いしたいと八方手を尽したのだが、残念ながら連絡をとることができなかった。しかし、氏は、意識的なのか、あるいは無意識のうちに表現したのかは知らないが、その鋭い感性で、封印されていた世界を表に出してくれていたのである。

念の為に、氏が表現した「宇治真が原《うじまはら》」を漢字の意味から解いてみると以下のように。

宇は、のき、大きい家、広い構えの建物、治は、おさめる、平らかにする、ととのえる、真は、まこと、魂、永遠、宇宙の真宰、などであり、これをまとめると、「大きな建物を建てて、この地を永遠に整え、平らかにする魂の原点とする。それが伊祖城だ」と。

伊祖城は、できた当時とすれば、大きな建造物であり、平らかにするは、平氏をも連想させてくれるのである。

「校歌の歌詞は、良くぞ意味深《いみしん》な文字を選んだものだ！」と。

その「直感の凄《すさ》まじさ」に驚くばかりであった。何故か？ それは「琉球王朝は、ウジマがハラの伊祖城《いそぐすく》に源流《げんりゅう》がありますよ！」と。これまで強調されることの少なかった、貴重なことを示唆《しさ》してくれていたのである。これは、正に、神ワザとでも言うべきものであろう。

まさか、長年、気にかかっていた「ウジマがハラ」の意味が、今頃になって解《わか》るとは…とても信じられないのである。やはり、

「心に念《おも》い続けていると、いつかは形になって現われる。人生に無駄《むだ》な経験はない！」

との感を更に強くしたのであった。

校歌がヒントになって、南下した平氏一族の目的が「伊祖城《いそぐすく》」にあったとは知らず、それは、何らかの縁《えん》や啓示《けいじ》がなくては、とても関連づけることはできないことであった。

「平氏一党の最終目的地が、浦添の勢理客だったのは、どうしてか？」

これに対する答は、

「琉球王朝の発祥地である伊祖城《いそぐすく》の隣りだったから」と結論づけたのである。

「これまで展開して来た物語は、奇想天外《きそうてんがい》すぎて、とても付《つ》いて行けないよ！」と。

こんな話もありそうなので、このあたりでタオとハベルの会話で息抜きをしたい。

ハベル　「為朝《ためとも》が言ったという「ウンテン」は、平維盛《たいらのこれもり》たちの言葉だったのではないか？というあなたの仮説には、私も今は、理解できますけれど、どうして、こんな発想が浮かんだのかしらって、不思議でたまらないのよ。どうしてですの？」

タオ　「ただ、真似《まね》たのですよ！
正しい！と誰もが信じている沖縄歴史の本をね？
だって、為朝《ためとも》の記事は、『保元物語』そのものだったんでしょう？それとは逆の平氏の話にしたらどうだろうって、考えただけなのよ！」

ハベル　「沖縄の歴史記述に対する恨み節《うらぶし》のように聞こえるわ！
百倍返しみたいにです。もっと別の言い方はないのかしら。」

タオ　「歴史を偽造《ぎぞう》する人たちがいるんだよ！
実は、もっと強い表現をしてもいいぐらいだ。不都合なものは焼き捨てる。

都合のいいように書き換《か》える。事実は、封印するに限る！なんってサァー。あの『中山世鑑』には、島津氏もかかわっているしなァー。」

ハベル　「だからって、どういうことかしら？島津氏は、関係ないでしょう？」

タオ　「ところがドッコイ！なんだよ。島津氏は、源氏でしょう？だから、琉球の歴史の始まりは、源氏でないといけないんだ！と言ってサァー。自分たちの琉球の占領を正当化する為にだ！一緒でないといけないんだって。ましてやその始まりが平氏だったとしたらどうするの？それこそ不都合極《きわ》まりない訳でしょう？嘘も方便《ほうべん》でサァー、百年経ったら、それが真実になるって訳だよね。恥ずか

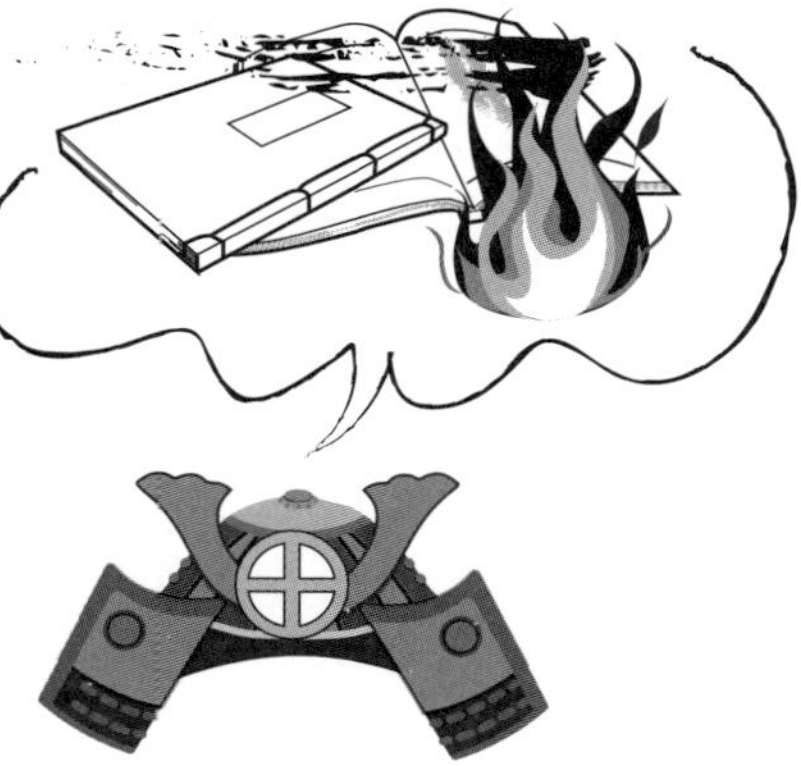

しいことなんだがサァー、現実に今の沖縄では、『保元物語』の写《うつ》しが本当のことになっているでしょう?僕は、恥ずかしくてたまらないんだよ。」

ハベル 「嘘をつかれたしっぺ返しですか?そんなこと誰が信じるかしらねぇー。」

タオ 「だから、為朝《ためとも》の記事は、物語を丸写《まるうつ》ししたものだって、言い続けるしかないんだよ。悲しいことに!僕は、この世鑑の記事を本当の歴史だと信じて来んだから。七十年余りも。これから、後輩たちには嘘はつけないよ。だから、本当のことを伝える人が必要だって!」

ハベル 「あなたが言うようにです。先ずはと思って、二つの本を比べて読んでみましたの。その通りだったわ。ショックでしたの。でもねぇー。今さらですよ!運を天にまかせて着いたのは、平氏でしたと言っても、沖縄の人たちは信じるかしらねぇー。とても、とても、考えを変えるとは、思えませんの。」

タオ 「だからですよ!

ホントのことを！真実を知った者が、言い続けるしかないんだ。」

ハベル　「しぶとくですか…。ところで、話は変わるんですけど、「小港着けて」をどうして、小湾川に結びつけましたの？無理なこじつけとは思いませんでしたの？」

タオ　「いやー、至って大真面目《おおまじめ》なんだなァー。運天着けて、小港着けて！を繰り返し口ずさんでいるとサァ、笑わないでよ！勢理客着けて、勢理客着けて！ってそう聞こえて来たんだよ、おかしい？」

ハベル　「もう！オホッホーですわ。おかしいったらありません。一着つけて、ジッチャク着けてって！サァー、もう笑うしかありませんわ！…アッ！ゴメーン、ゴメンナサイ、そのォー…勢理客が要《かなめ》ってことですの？」

タオ　「やっぱり笑ったよね？でもね、平氏が移動する時の合言葉はサァー、セリカク、セリキャクだった訳でしょう？だからなんだよ。小港は、運天と一緒でサァー勢理客と接していなければならない。だから、その地は小湾川のほとりだってね。」

ハベル「なるほどですわ！　一応、どうにか筋は通っていますわね。でも…話を聞いていると、何だか夢みたいですよ。どんどん、点と点とがつながって行くでしょう？　こんな物語、ワクワクするのよねぇー。」

タオ「楽しいでしょう？　在野堂々《ざいやどうどう》でサァー、色んな要素を集めて、話を組み立てるんだ！　自分たちの本当の歴史の断片《だんぺん》でも掴《つか》み取らないとねぇ…。組織的にサァー、騙《だま》されてばかりでは芸がないってものでしょうに。」

ハベル「ですがねぇー、遠い記憶のひとつひとつをつなぎ合わせて、物語にするなんて…、誰にもできることではありませんもの。話を聞いてますと、何か…神がかり的な気がしますのよ。特にあの宜湾親方《ぎわんうぇーかた》と浦商の校歌の「ウジマ」はですよ！　それを結びつけるなんて信じられませんの。あまりにも突飛《とっぴ》すぎて…、離れ過ぎていますものね。」

タオ「自分でも不思議に思うんだよなァー、何かにマヤーサッテ（取りつかれて）いるんじゃないかってサァー、そう思う時もあったけど…でもよ！　心で思続けていることは、いつの日にか必ず形になるって、今は、そう確信している。だから、逃げないで考え続けている。」

ハベル「そう言えるってことは、素晴らしいし、羨《うらや》ましくもあるわ。だって、考え続けるってこと、そうできませんもの。どこかでアキラメテ、次へ行っちゃうしねぇー。中途半端《ちゅうとはんぱ》になることが多いんだから。ですけど…。この「ウジマがハラ」を十年以上もですよ！気にしていたなんて、脱帽ですわ。」

タオ「そのお陰で、伊祖城《いそぐすく》の正体がですよ！おぼろげに、見えるようになった。」

ハベル「そうですわねぇー、次は、伊祖城の話が始まるってことですよねぇー。どんな物語になるか、楽しみですわ。」

タオ「さぁー、どこから話し始めるか？
　やはり、先ずは、天孫氏からかなァーと思っているよ。」

沖縄の祖先は天孫氏か!?

前述した勢理客の漢字が問いかけた①と②に対して、「維盛卿《これもりきょう》ら平氏が目指した南海は沖縄であり、そのゴールは、浦添市の勢理客であった」とこう結論した。

次なる問いは、「沖縄に移動して、筋道を整える」とは、何を意味しているのか？である。そのリユウについては、遠く、まわり道をしてでも答に辿《たど》り着きたいと思う。その為には、先ず、「維盛《これもり》らが移動した十二世紀末の沖縄は、誰が支配していたか？」を明らかにしなければならない。

幸いなことに、「沖縄の祖先」について、『中山世鑑《ちゅうざんせいかん》』と世紀の奇書と言われている窪田志一《くぼたしいち》著の『岩屋天狗《いわやてんぐ》と千年王国』に、それについての記述がある。

両書は、平維盛卿《たいらのこれもりきょう》らが沖縄に来る以前から

「天孫氏が沖縄を統治していた」と記述している。

先ず、世鑑は、冒頭《ぼうとう》で、「天孫氏二十五代は、この姓名を知ることができないため、これを略す。

乙丑《きのとうし》に始まって、丙午《ひのえうま》に終った。

およそ一万七千八百二年であった」とある。

これを私なりに訳してみると、

「①沖縄の始祖は、天孫氏であり、二十五代続いた。

私＝羽地がこの歴史書を編纂《へんさん》している千六百四十年代には、王の名前が判らなくなっているので省略する。
②乙丑《きのとうし》に始まって、丙午《ひのえうま》に終った。
③天孫氏は、一万七千八百二年続いた。」
とこうなるのであるが、何が言いたいのか、サッパリ判らない。重要な沖縄の始祖を語る文章にしては、情《なさけ》けない程《ほど》冷たく、投げやりである。沖縄の五大偉人のひとりに名

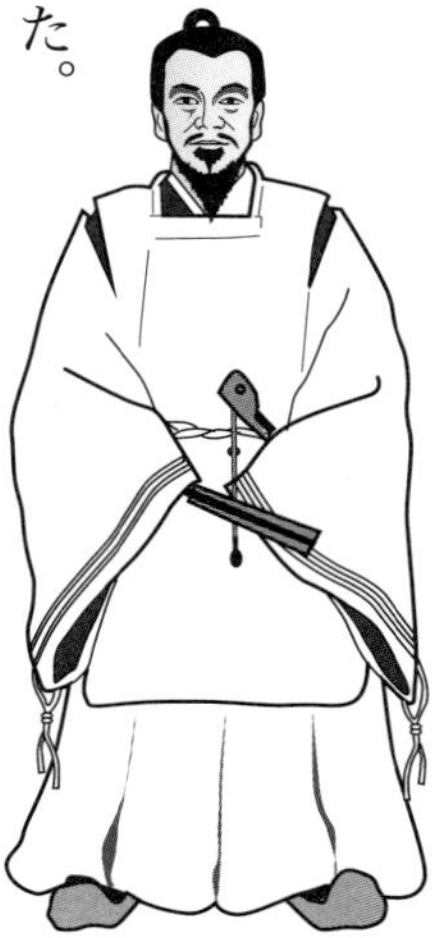

【琉球史に残る、琉球王家の始祖】
舜天王 1166 年～ 1237 年
（在位 1187 年～ 1237 年）

を連ねている羽地朝秀《ちょうしゅう》がこの矛盾に気が付かない筈はないのである。何かがオカシイ。

①から③を理解する為に、同じ頁に次のような記述があり、参考にする。

「…①この時、隋《ずい》の使者羽騎尉《うきい》の朱寛《しゅかん》が初めてこの国に至った。…しかし、言葉が通ぜず、男一人を捕虜にしただけで帰国してしまった。

②その後、数年経て、

③武賁郎将《ぶふんろうしょう》の陳稜《ちんりょう》を大将に、数万の兵船を派遣して攻《せ》め立てた…

④男女五百人を捕虜《ほりょ》にして帰国した。

⑤これ以降、往来は途絶《とだ》え

⑥唐、宋の時代に至るまで交流はなかった」

文中の羽騎尉と武賁郎将は、隋の官位《かんい》の名称《めいしょう》である。~『訳注　中山世鑑』四十頁より~

①から⑥の記述は、西暦六百三十六年から六百五十六年に中国の魏徴《ぎちょう》らが編纂《へんさん》した『隋書《ずいしょ》流求伝』からの写しである。世鑑の羽地は、『保元物語』だけでなく、この本もコピーするのに大忙しだったのではないか?と。

①のこの時とは、
朱寛が沖縄に来た時のことである。彼は、六百七年と六百八年の二回「流求《りゆうきゆう》」に来て、隋に服従するように迫ったが拒否されて、果すことができなかった。
②その後、数年とは、たった二年後の六百十年のことである。隋の煬帝《ようだい》は、しびれを切らして、陳稜《ちんりょう》に命じて「流求」を攻めさせた。
③陳稜は、断固たる決意で大軍を率《ひき》いて戦い、「流求」を征服した。
④戦果としての捕虜は、数千人という記述もあるが、捕虜たちのその後の記述は、今のところ見つかっていない。
⑤中国と沖縄との往復は、陳稜が「流求」を征服する前からあった！との記述である。
⑥唐、宋の時代と表現することで、中国と沖縄との交流は長い間、途絶《とぜつ》したような印象を受けるのであるが、陳稜が「流求」を征服した八年後に隋は滅び、その二十年後には遣唐使も始まっており、交流の再開は早かったと思う。
ここまでが、世鑑が記述している天孫氏である。沖縄の始祖を語るのに『隋書流求

伝』を使った理由なども知りたいと思うのだが、ただ、正史と言う割には、あまりにも〝ズイショ〟に借用が多過ぎる感を抱いている。羽地は天孫氏の始まりを隋の朱寛が「流求」に来た時だと示唆しており、それにピッタリ当てはまる乙丑《きのとうし》の年は、西暦六百五年しかない。また、丙午《ひのえうま》の年は、天孫氏が滅んだとされている千百八十六年であり、ピッタリそれに当てはまるのである。もし、それが羽地の真意である！とすると、天孫氏は、六百五年に始まり、千百八十六年までの五百一年間になるのだが、何故か羽地は、それを明確に記述はしていないのである。そればかりか、唐突《とうとつ》に、「およそ一万七千八百二年だった」としているのには、何か深い理由がありそうなのだ。どうも、この一万七千八百二年だけが、羽地の胸にある真相のような気がするのであるが…。
それは、とりあえず後で…。

次は、千年王国が、天孫氏をどう扱っているかである。天孫氏は、「南朝《なんちょう》呉(①)国時代の末期)(二八〇)呉国を逃れて琉球へ敗亡《はいぼう》し来《きた》った呉《ご》(②)太伯《たいはく》の裔《えい》、玉王《たまおう》なる人物を始祖として、幸《こう》、忍《にん》、珠《しゅ》、誉《よ》、真《しん》(讃《さん》③珍《ちん》、済《せい》、興《こう》、武《ぶ》)、広《こう》、兆《ちょう》、太《たい》を称した王の裔孫紀《えいそんき》広成《こうせい》(伊集院城を創建)春成《しゅんせい》、正成《せいせい》、嗣成《しせい》、能成《のうせい》、昌成《しょうせい》、恒成《こうせい》まで三十五代が天孫王統で、恒成は、淳《じゅん》(④)熙《き》年間に死んだ。…その後、紀《き》(⑤)氏は琉球を去り、その本拠地柚子《ゆず》(⑥)院に移って、伊集院を称《しょう》した云々…」と。

～『岩屋天狗と千年王国』上巻より～

①の呉は、中国三国時代の呉であり、西暦二百八十年に滅んだ。

②の呉太伯とは、中国、周《しゅう》の始祖古公亶父《ここうたんぼ》の長男太伯のことであり、姓は姫氏《きし》。彼は、弟の虞仲《ぐちゅう》と共に故郷を去り、長江の南に仲間と共に呉国を建国。それで呉太伯と称《しょう》した。約三千年前のことである。また、卑弥呼は、その子孫という説もあり、天孫氏との関係も注目される。

③カッコ内は、倭の五王であり、彼らは西暦四百十三年から中国南朝《なんちょう》の東晋《とうしん》や宋《そう》、済《せい》、梁《りょう》まで西暦五百二年までの八十九年間、使者を送っている。

④淳熙《じゅんき》年間は、南宋の千百七十四年から千百八十九年までの十五年間である。

⑤紀氏天孫氏は、西暦二百八十年から千百八十年頃まで約九百年間、琉球に居たということである。
⑥柚子院《ゆず》から伊集院へ、現在の日置市《ひおき》のことであり、妙円寺《みょうえん》がある。

この両書の記述は、沖縄の島々に天孫氏が西暦二百八十年から淳熙年間の千百八十年頃まで居たということを記していて、これまで明らかにされていなかった琉球の歴史に一石を投じるものである。問題は、羽地が投げた一万七千八百二年であり、この謎かけを解かねばならないが、さて、どうしたものか？

困った時には、二人に登場してもらうに限る。

タオ「世鑑で羽地さんはサァー、天孫氏は、一万七千八百二年続いたと言っているのでしょう？何を根拠にしてですよ！こんな気の遠くなるような古い時代を持ち出したのかって…理解に苦しむんだよなァ。何か含みがあるとは思うけどサァー、それにしても時代が飛び過ぎだよなァー。やっぱり天孫氏は、神話じゃないかって思ってしまうんだよ。
ハベルは、どう感じているのかなァー。

ハベル「二万七千年以上前のことでしょう?直感を神話的な形にしたのかも知れませんわ。でも羽地さんは、どうしてこんな着想を得たのかしらって、不思議に思いますのよね。羽地さんは、王家につながる名門の家でしょう?もしかして、物知りの人たちの話を聞いていたとか…。」

タオ「物知りの人たちからと言うとサァー、神々の声を聞いていたとか?見えない世界を見ることができる人たちが側にいたとか?そんな話のこと?」

ハベル「そうとしか思えませんのよね。あの時代の琉球では、あり得ることだったと思いますけど…でも、その前にそれと関連がありそうなことがありますのよね。」

タオ「関連がありそう?どんなこと?」

ハベル「羽地さんに刺激されたのかも知れませんけど…
石垣島の竿根田原《そうにたばる》遺跡なのよ!それが何んと!

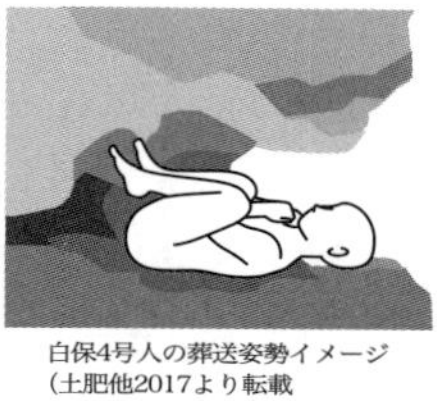
白保4号人の葬送姿勢イメージ
(土肥他2017より転載

タオ 二万七千年前の遺跡だって言いますでしょう？」

ハベル 「だから、それが羽地の言う一万七千年とつながるってことなの？」

タオ 「なぜかしら、そのような気がして、心が騒いでいますのよ。しかもですよ！そこから十九体の人骨が発掘されましたでしょう？顔は二万年以上も経っていると想えない程、新鮮だったと…。」

ハベル 「確かー、その中の男の顔を完璧に復元することができたって、写真が新聞に出ていた…そのこと？」

タオ 「そうなのよォー、もうビックリ仰天！だったの、あの写真。」

ハベル 「まさかー、誰かに似ていた！なんてことではないよね？」

「それがもう…そのまさかなのよォー、私の与那国の先輩にそっくりなの。信じられないくらい。とても二万七千年前の人とは思えませんでしたわ。だからなのよォー、羽地さんの一万七千年の話は、

アリ！とそう思いましたの。」

タオ　「なる程なァー、そこに目を付けましたか、お見事！ってところだよね。あの時代の沖縄の祖先は、絶えず移動している。石垣だけでなく、宮古島や沖縄本島の南部でも化石人骨が見つかっているしねぇー。」

ハベル　「だからですの。羽地さんは確信していたに違いないって！天孫氏は古いってね。」

タオ　「そこまで言い切りますか。」

ハベル　「天孫氏が一万七千年以上続いていたのは絵空事《えそらごと》ではない！ってことなの。」

タオ　「そうかァー。天孫氏は現実だ！神話ではないぞ！諸君！良く考えるのですぞと…。羽地さんは、後世に言っているのかも知れないなァー。あの一万七千年は。」

「沖縄の始祖は、天孫氏であり、それは、一万七千八百二年続いた」という羽地の記述は、タオとハベルの会話を聞きながらではあったのだが、ヒョッとすると彼は「確信《かくしん》犯《はん》」ではないか?と思ったのである。

つまり、沖縄の島々は、浮いたり沈んだりしながら、とてつもない時間を刻んで来ていて、その一部始終を見てきたかのように語り伝える「物知りの人」が羽地のそばにいたのではないか?と。と言うのは、白川静の『字通』には、「神に言を供えてその音ないを待つ行為が言であった。」とあるようにである。

つまり、このことは、「漢字ができた頃の古代の人々は、神々の音(声)を聞くことができる人たちがいたということなのである。」名門の家系である羽地のまわりにも、神々につながり古代の天孫氏のことを語ることができる人たちが居たと想像するのである。

今の沖縄にも一万年以上前の裸世《はだかゆー》のことを体験したかのように語る人たちがいるのである。ましてやあの当時は、今以上に直感に秀でた人たちが居たであろうと思うからなのであるが…。

沖縄の島々には、サンゴ礁でできた石灰岩の所が多くあり、これが幸いして、化石人骨の世界的な宝庫になっている。二万七千年前の竿根田原人をはじめ、沖縄本島南部の港川人やサキタリ洞人など化石人骨が発掘されているのは、石灰岩土壌のお陰である。また、サキタリ洞からは、世界最古の貝製の釣り針も出土している。

羽地が指摘している一万七千八百二年よりもはるかに古い時代から、この島々には、すぐれた貝文化を持った人たちが次々と出入りしていたのである。

サキタリ洞の釣り針

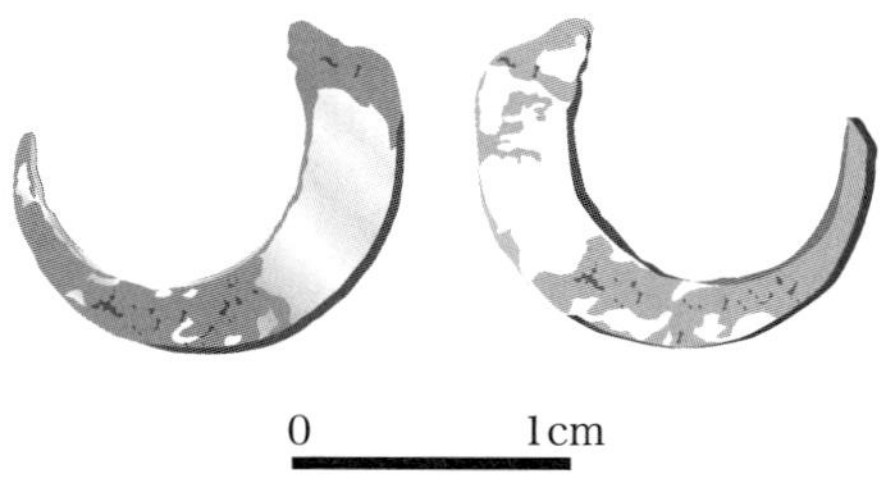

裸世から巫の時代、そして武の時代へ

二万年以上も前から琉球列島を移動していた、このような時代の人々を「裸世《はだかゆー》の人《ひと》」たちと呼んでいる人も沖縄にはいる。裸世の彼らを私は、前期の天孫氏と位置づけたいと思う。

更に、沖縄の天孫氏として欠かせないのが前述した呉太伯《ごたいはく》とその仲間たちである。彼らは、今から約三千年前に呉国をつくり、沖縄の島々からタカラ貝を採取して大陸に運んだ人たちである。タカラ貝は、中国では最初の通貨になり、彼らは、それを背景にして殷を倒し、周の国を創建したのである。

呉太伯の仲間には、太公望で有名な呂尚《りょしょう》の一族で、姜姓《きょうせい》を持った巫女たちと、それに、伊姓《いせい》を持った伊尹《いいん》の末裔《まつえい》たちがいたのである。

姜姓の巫女は、神々を降臨《こうりん》させる力があり、先住の天孫氏とも仲良くすることができたし、伊尹の末裔たちは、伝統的に調和のある社会を創造する力を持っていた。その形見《かたみ》が伊の地名であり、彼らは移動して行った各地に、「伊」の地名を残している。

この人々は、中期の巫《ふ》の時代の天孫氏たちである。

ここで、突然！出て来た「裸世《はだかゆー》」や「巫《ふ》の時代」について、二人はどう考えているのか？その感想などを聞いてみることにしよう。

ハベル「天孫氏は、前期と中期とに分けられるって…この突然の発想！信じられますの。」

タ　オ「僕は、凄く面白いと思っている。

それって、瞬間に生まれた着想だと思うんだなァー。羽地さんの一万七千年に刺激されているうちにサァー…。」

ハベル「じゃータオさんは、この島々に天降《あまお》りた人たちは、すべてが天孫氏だ！なんてこと？それを認めているってことですの？」

タオ「認める認めないってことではなくって、そう理解した方が何となく、腑《ふ》に落ちるんだよなァー…。羽地さんの主張も認めながらもですよ！」

ハベル「それって、神話的であってもってことですわよね。一万七千八百二年にも意味があるって！そういうことですのね。」

タオ「当然だよね！千年王国が言う倭《わ》の五王《ごおう》の姫氏《きし》や紀氏《きし》だってサァー、天降《あまお》りた一部の人たちであってよ！ある一時期のことに過ぎないんだって！ホント、羽地さんのヒントのお陰なんだ。今は、そう思うようになってしまったんだよなァー…。」

ハベル「三千年前の呉太伯らの「姫氏《きし》」と倭の五王たちが、つながっていてもってことですの？」

タオ「それは、それであってサァー、たとえ、つながりがあったとしてもですよ！天孫氏としての性格が違うと思うんだよネ？いわば彼らは、「武《ぶ》」の時代を代表する人たちだと…。」

ハベル「天孫氏の性格が違う?・武の時代の代表?・どういうことですの?一緒ではないと?」

タオ「太伯たちは、巫女《ふじょ》の姜氏《きょうし》たちを伴っているでしょう?それに伊の姓を持った人たちと一緒に行動している。」

ハベル「それがどうかしましたの?・良く理解できませんの。」

タオ「彼らはサァー、先住《せんじゅう》の天孫氏たちと仲良くする道を選んだと思うんだ。だから、中国大陸までタカラ貝を運ぶことができたんだって…。ある意味ではよ!東支那海沿岸をグルッとつないだ血縁同盟のようなものを創っていたと思うよ」

ハベル「血縁同盟を結んでいた?」

タオ「そう!仲良くしないと海は渡れないでしょう?・水と食糧とを補給しながらですよ、島影《しまかげ》を頼りに渡って行ったんだ。」

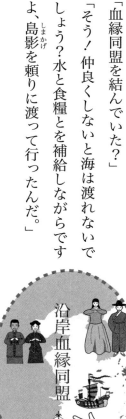

ハベル「それで喧嘩をしないで、仲良くする為に、お互いが親戚同士になったと言うのね。」

タオ「東支那海の大陸沿岸と島々とを結んだ、いわば血のつながったネットワークのようなものをですよ！太伯らの時代には、先住の天孫氏と共にサァー、それぞれが存在を認め合っていたと思うんだよ」

ハベル「同じ姫《き》の姓でも五王《ごおう》たちとは違うと…。」

タオ「そう！性格が大違いだよね。信頼関係を築くよりもサァー、武力で地域を支配して来たんだよね。倭の五王たちはサァー。
そういう集団だったと思うんだなァー。
戦争で敗れて大陸から逃げて来たんだから。
出自はね。戦さは、お手のものだった。」

ハベル「同じ姫《き》氏や紀《き》氏であっても、性格は違うと…。よく気がつきましたこと！」

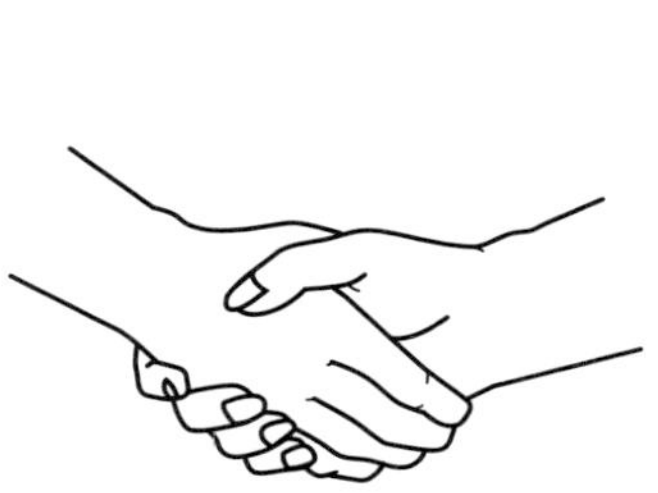

タオ　「神々と共にある「巫《ふ》」の世界を重んじるか？武力に頼るかの違いだと思ったんだよね。時代が変わるにつれて…。」

ハベル　「同じ天孫氏であっても、時代が違うと生き方まで変わるってことですわね。そう考えますと、琉球の島々の歴史は、深いってことがよく理解できますもの。」

タオ　「石垣島の竿根田原人《そーにたばるじん》たちの「裸世《はだかゆー》の時代」から、呉太伯らの「巫《ふ》の時代」へと移り変わって、最後は、倭の五王たちの「武《ぶ》」の時代へとね？

隋の陳稜《ちんりょう》が「流求《りゅうきゅう》」で戦ったのも武の時代の天孫氏たちだった…。」

ハベル　「その中でも、生き残った人たちが…。神々の声を聞きながらですわ。先住の天孫氏たちと仲良くする心を持っていた姜姓《きょうせい》の巫女《ふじょ》たち…。その役割は、大きかったと思いますのよね。」

タオ　「ホントに、そう思うよ。彼女らの存在がサァー、この島々の伝統をつくり上げたのではないかと思うんだよなァー。」

ハベル　「伝統って?どういうことですの?」

タオ　「先祖と共にある聖なる場をですよ!神々の声(音)を聞く場所であるウタキを大切にするという習慣をつくったと、こう思うんだよなァー。」

ハベル　「女性のウナイたちが、神々の声を聞いて、男兄弟のイキーに伝えるという…それ?」

タオ　「そう!その声を政《まつりごと》に生かしたのが、伊の姓を持った男たちであった。祭政一致の社会をつくり上げたと…。そう思うんだよなァー…。」

ハベル　「島々の歴史の厚みを感じさせますわ。女と男がです!協力し合う社会を創り上げる時があった!なんて…。グシクですわね。」

タオ　「どういうこと?そのグシクって!」

ハベル　「昔々、ここに棲《す》んでいたご先祖も、今を生きる人たちも皆、グー、仲間だから、シー、風《し》に乗ってこの巣《す》に、皆が憩《いこ》える場所を造ったから、クー、おいで、皆、揃って遊びにいらっしゃい!楽しく遊ぼう!ってこと。」

タオ「ヘェー、ロマンチックだなァー、
グシクをそういう風《ふう》に、
解釈するなんてさァー、深いなァー。」

ハベル「その方が、この島々に似合いますもの。」

タオ「古い天孫氏の時代よ！やって来い！
そういうことかも知れないなァー。」

ところで、「淳熙《じゅんき》年間に琉球を離れた」と千年王国が記している紀氏《きし》伊集院は、姫氏一族の分流である。三千年前から連綿《れんめん》と続いて来た姫氏《きし》ではあるが、周の始祖の長男太伯らが形成した「巫《ふ》の時代」と倭の五王に代表される天孫氏の「武《ぶ》の時代」とでは、その性格に大きな違いがある。姓は、同じ一族の姫氏《きし》であってもである。

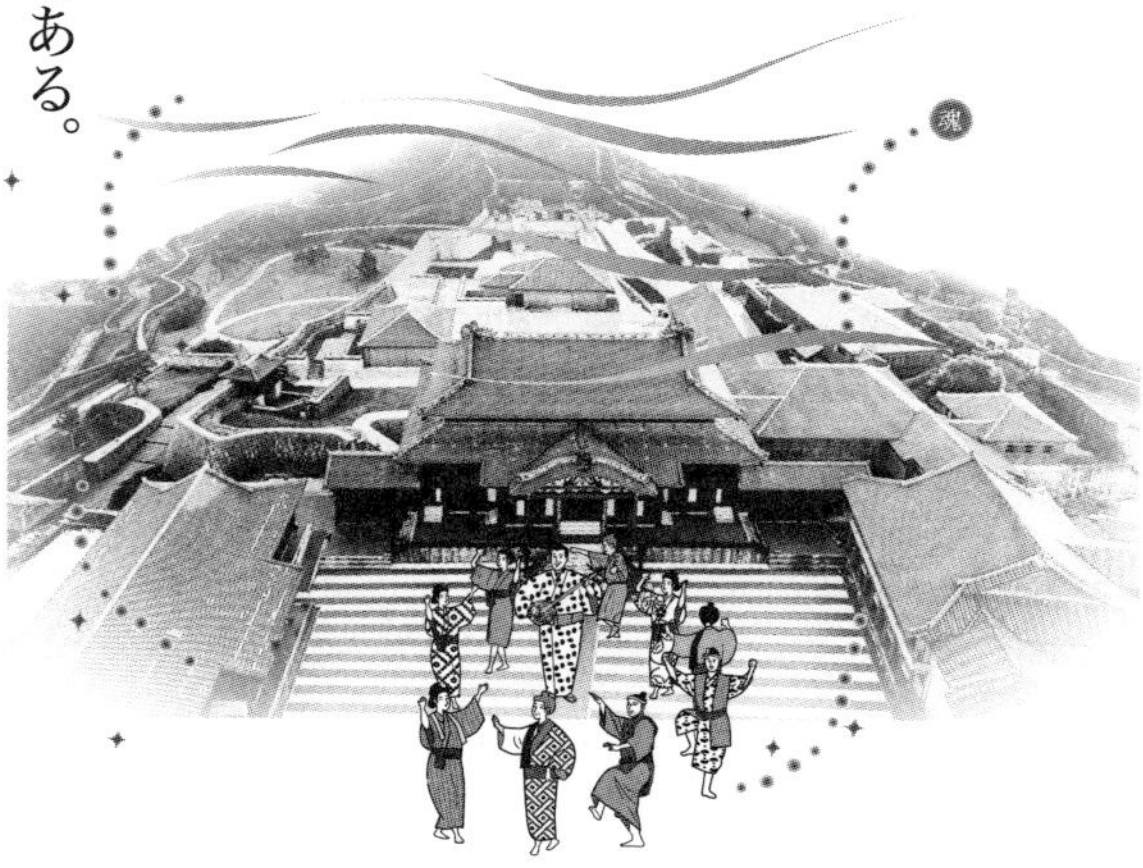

その違いが、「天孫氏の時代」を大きく分けることになるのである。

ところで、これまで引用して来た『岩屋天狗《いわやてんぐ》と千年王国』は、上・下二巻からなる奇書《きしょ》である。様々な圧力から逃れて、鹿児島県の伊集院（現在の妙円寺《みょうえんじ》のある所）に秘密裏に保管されていた易断《えきだん》資料をもとに、書いたとされている本である。

内容の真偽はともかくとして、琉球諸島の古代の歴史に関する重大なヒントになるような記録もあり、一部の真相を求める人たちから注目されている。

天孫氏　まとめ

天孫氏は、歴史上の人々なのか？
それとも、神話の世界の人たちか？と。

その真の姿を求めて綴《つづ》って来たのだが、思えば、はるばると長旅をして来たものである。その旅の中でも強烈だったのが、羽地《はねぢ》朝秀《ちょうしゅう》の「天孫氏は、一万七千八百二年続いた！」であった。気は確かなのか？とさえ思ったのだが、それが幸いして天孫氏を深めることができたのである。つまり、「天孫氏とは、一部族や一時代の人々だけのことを言うのではなく、この島々に降臨《こうりん》し、とどまったり、他《ほか》へ移動したりとこの島々に足を踏み入れた人々の総称である。」との結論に至ることができたのである。

更に、沖縄本島南部のサキタリ洞から出土した、二万三千年前と言われている。世界最古の貝製の釣り針は、「文化に優劣はつけられない」ということを示してくれたのである。

この二つの発見は、沖縄の文化は、縄文や弥生の時代区分には「なじまない」し、またしいて、当てはめる必要もない！と思うようになったのである。

その理由は、
沖縄の島々は、「海の文化」が本流であり、「土器文化」は、主流ではないからであると。

それで、次のような天孫氏の時代区分を作ってみたのである。

①前期「裸世《はだかゆー》の時代」
(二万七千年前から三千年前までの二万四千年間の時代)

沖縄の島々に辿《たど》り着いた祖先は、島の自然に溶《と》け合って、その一部として融合《ゆうごう》していた時代。海を生活の舞台に高い文化を形成。争いの少ない調和のある世であった。

②中期【巫《ふ》の時代】
(三千年前から西暦三百年までの三千三百年間の時代)

琉球の海からの贈り物である宝貝やゴホウラ貝が中心の時代。タカラ貝は、中国の殷《いん》に貨幣の始まりを伝え、ゴホウラ貝製の貝輪（腕輪）は、巫女《ふじょ》を権威づけた。巫女たちが神々の声を降《お》ろし、その声を男たちが、社会に生かした時代。

卑弥呼に代表される時代。

③後期「武《ぶ》の時代」

（西暦三百年から天孫氏が滅んだとされる千二百年までの九百年間の時代）

日本列島は、巫女を葬《ほうむ》り去り、大陸の武力を中心とした男社会へ移行した時代。

それはまた、日本列島に根付《ねづ》いていた「海の文化・和の文化」を封印した時代でもある。

ところが、沖縄では、島津が琉球を占領する千六百九年まで、天孫氏の巫《ふ》と武《ぶ》とが、それぞ

れの役割を担う祭政一致の社会であった。

このように時代を分けると、沖縄の様々な歴史的な出来事が、ピッタリ収《おさ》まるから痛快なのである。

琉球の島々に生きた人々の証《あかし》である天孫氏の時代は、日本で最も古い竿根田原人《そーにたばるじん》の二万七千年前から、天孫氏が滅んだとされている西暦千百八十六年までの二万六千百六十二年間である。

時代を三期に分けたのであるが、その中でも武を代表する「倭の五王」(讃珍済興武《さんちんせいこうぶ》)が列記されている窪田《くぼた》氏の千年王国は、圧巻《あっかん》であり、他を凌駕《りょうが》している。また、羽地朝秀が『中山世鑑《ちゅうざんせいかん》』でさりげなく記した「一万七千八百二年」は、天孫氏の時代と呼応《こおう》していて不思議である。

天孫氏は、正に、「沖縄の始祖」に相応《ふさわ》しい名の存在なのである。

天孫氏の時代区分を簡略化《かんりゃくか》してみた。

27,000年前～西暦1186年まで（28,186年間）

天孫氏時代

前期（裸世の時代）
二万七千年前～三千年前まで
（二万四千年間）

中期（巫《ふ》の時代）
三千年前～西暦三百年まで
（三千三百年間）

後期（武《ぶ》の時代）
西暦三百年～西暦千百八十六年まで
（八百八十六年間）

嫡孫《ちゃくそん》の誓い

「勢理客で会おう！」

平氏《へいし》は、千百八十五年に壇の浦の海戦で源氏に敗れ滅亡した！というのが本邦《ほんぽう》の歴史の常識ではあるのだが、それでもあえて、様々な視点から平氏一族のその後の行方に光を当ててみたい。というのが、この物語のテーマのひとつでもある。

平清盛《たいらのきよもり》の嫡孫《ちゃくそん》、維盛《これもり》と資盛《すけもり》の兄弟二人の消息については、死亡説と生存説とがあって、混沌《こんとん》としている。がしかし、ここでは、彼らが生きていたことを前提にして、未知の領域に立ち入ってみることにしたい。

場面は、

千百八十五年、旧暦の三月二十四日、新暦では、五月二日の壇の浦である。

「夕闇《ゆうやみ》に紛《まぎ》れて静かに動き出した唐船《とうせん》があった。平資盛《たいらのすけもり》ら一党、女、子どもを合わせて、六十数名が乗り、戦線を離脱。手引きしたのは、長年、日宋貿易の船頭であった平竹三《たいらのたけぞう》であった。彼は、肥後佐敷《ひごさしき》で生《せい》を受けた生粋《きっすい》の海の強者《つわもの》であり、南海ルートの開拓者のひとりであった。東支那海の黒潮の流れや季節毎《ごと》に変わる風の向きをはじめ、航海の一切《いっさい》を熟知していた。熟練の海の戦士に相応《ふさわ》しく、色は浅黒く日に焼け、眼光は鋭かった。

一行の船は、闇の中を静かに進んでいる。目的地は、奄美大島の加計呂麻《かけろま》島である。島は、サンゴ礁に囲まれた入り江があり、航路を熟知している者でないと、とても立ち入ることができない地であった。身を隠《かく》すには、これ以上の場はなく、道を知る者たちの聖地であった。

竹三《たけぞう》は、ここで随伴《ずいはん》していた資盛《すけもり》をはじめ女や子ども、従者など数十名を下船させた後、残った乗組員と共に、食料と水とを補給して道の島々を南下。平氏《へいし》の一党がしばらくの間隠《かく》れ棲《す》み、勢力を整える場であるジッチャクを確認しながら、一路《いちろ》、南宋に向けて帆を上げたのである。目的は、南宋に対する源平合戦《げんぺいがっせん》の結果報告と今後の貿易の始末《しまつ》をどうするか?であった。

竹三は、船首に立って、腕組みしながら水平線の一点を見つめ、微動《びどう》だにしなかった。

彼の胸中には、合戦に敗れた負い目はあったものの、「日宋貿易を途絶《とだ》えさせてなるものか！」という固い信念が刻まれていた。これが長年、海を共にして来た者が、平氏に報いる時なのだと。南宋との貿易の再開は、竹三にとって、すべてを賭けた乾坤《けんこん》一擲《いってき》の大勝負であった。

交渉する上で、幸いだったのは、南宋は、北方の金国《きんこく》や沿岸を荒し回る盗賊団の対策に手を焼いていて、竹三の申し出は、百万の味方に映ったのであった。更にまた、清盛の嫡孫《ちゃくそん》を背景にした交渉は、南宋の彼らに嘗て訪問した日本との良好な関係を思い出させ、願い通りに貿易の再開に漕ぎ着けることができたのであった。

加計呂麻島

年が明けて、積み荷を満載《まんさい》した竹三は、加計呂麻《かけろま》島に立ち寄って、資盛に面会したのであったが、資盛《すけもり》を想う島の娘の話を聞いて、その恋心に驚きを隠すことができなかった。

彼女の歌は、

「思事《うむくとぅ》ぬ有《あ》てぃん　与所《ゆす》に語《かた》らりみ
面影《うむかじ》とぅ連《ち》りてぃ　忍《しぬ》でぃ拝《うが》ま」と。

「私の胸の想いを誰も知らないでしょう。思い焦がれているあの人の面影に寄り添いながら、人に知られず、そっと、忍んで見つめるだけなのです」という切なくも内に秘めた燃え盛《さか》る炎のような想い。これ程までに慕《した》われるとは、何があったのかと。竹三は、あらためて京公達《きょうきんだち》の風貌《ふうぼう》を身に着けた資盛の実力に感服するのであった。竹三は、自らの甘く、懐《なつ》かしい感慨を胸にしながら、讃岐《さぬき》の八島《やしま》（屋島）に向った。そこに

は、かねて打ち合わせておいた維盛《これもり》らの一党が参集していて、女、子どもを含めたその数は、数千にも及んでいた。これからどうするか?・脱出の方法などが話し合われたのである。

維盛《これもり》は、南の島々をつぶさに見て来た竹三《たけぞう》の話に耳を傾けながら、「源氏に見つからずに島を抜け出る方法はあるのか」と。竹三がこれに答えて言った。

「一艘《いっそう》当り、七十名余を乗せて、夜陰《やいん》に紛《まぎ》れて、静かに船出すること。目指《めざ》すのは、肥《ひ》後佐敷《ごさしき》、薩摩半島の山川を経由して、奄美の加計呂麻島へ。そこで一服した後に、沖永良部の瀬利覚《せりかく》を経て伊是名島から今帰仁の運天へとルートが提示された。拠点は、ジッチャク＝勢理客であり、最終地は浦添の勢理客にしてあることや、更にまた、勢理客には、我々だけが知っている合言葉、「再興する為の一時的拠点に集結せよ」という意味を含ませていること。

万が一、航海の途中で困難なことに遭遇《そうぐう》しても、「勢理客で会おう」という合言葉を思い出して、初志を貫徹すること。」などであった。

熟練の船頭たちは、日宋貿易で平氏に恩義のある海の男たちであり、八島と南海との往復を繰り返し、島にいた三千騎とその一族郎党を無事に脱出させたのである。海に強い平氏《へいし》水軍《すいぐん》のなせる技であった。

維盛と資盛の兄弟は、加計呂麻島で再会し、揃って生き抜くことができたことを神に感謝するのであった。それと同時に、この合戦で散った郎党を偲びながら決意を固めたのである。二人の誓いは、「祖父清盛が拓いた日宋貿易を再開すること」と「平氏《へいし》の再興を期すこと」であった。

維盛は、竹三が指定した浦添の勢理客に、資盛は、南宋の臨州《りんしゅう》(今の杭州《こうしゅう》)に向けて、船出したのである。それぞれの役割は、維盛が天孫氏とかけ合い、南宋との貿易を共同で運営できるかどうかを交渉することであり、資盛は、南宋にしばらく滞在し、自由な取引を正式に認めてもらうことにあったのである。

二人の行動は、その後の日本と琉球の歴史とに画期的な影響を与え、南宋貿易の確立は、日本に莫大《ばくだい》な利益をもたらした。更にまた、琉球王朝を成立させる財源となったばかりか、島々に移り住んだ平氏一族の暮らしをも豊かにしたのである。
資盛が島を離れるに際して、かの娘が捧《ささ》げて詠った歌が切ない。

「別《わか》てぃ面影《うむかじ》ぬ　立《た》てぃば伽《とうじ》みしょり
馴《な》りし匂《にう》い袖《すでぃ》に　移《うち》ちあむぬ」

「島を離れても私のことを忘れないでネ。かりにもしかして、私の面影が浮ぶのでしたら想い出して下さい。あなたの袖に結び合った香りを移してありますから」と。

奄美大島と加計呂麻島、徳之島から沖永良部島、与論、伊平屋、伊是名の島々をはじめとして、今帰仁には平氏一族の大きな拠点が築かれて行く。そして、浦添の勢理客に腰を落ち着けた維盛は、この北の大勢力を背景として、いよいよ、一大決戦となる天孫氏との交渉に乗り出して行くのである。

伊祖城《いそぐすく》の談判《だんぱん》

伊祖城は、宇治真ケ原《うじまはら》の地名の意味から琉球王朝の夜明けを告げたグスクであることが、明らかになったばかりでなく、天孫氏の拠点でもあったのである。天孫氏が滅んだのは、千百八十六年だとされていて、滅ぼしたのが臣下の利勇である！と『中山世鑑《ちゅうざんせいかん》』は、記述している。だがしかしである。ここには、大きな疑念《ぎねん》があり、世鑑とは違った視点から迫ってみたい。

天孫氏が滅んだとされている時の天孫氏の王は、紀恒成《きこうせい》であり、これに対抗する勢力は、源氏に敗れて沖縄に南下した、平維盛《たいらのこれもり》らの一党である。彼らは、浦添の勢理客に一時的に居《きょ》を構えていた。時と場合によっては、今帰仁を中心とした北部の一族郎党を召集して、一戦をも辞さない構えであった。しかし、源平合戦で敗れたこともあり、戦《いくさ》は避ける！を基本に、和戦両面で対峙《たいじ》していたのである。

維盛は、伊祖城王の紀恒成に対して、談判を申し入れ、その回答を待っていた。

一方、

伊祖城では、王の嫡男《ちゃくなん》、大成《たいせい》を囲んで重臣たちが深刻な表情で顔を寄せ合っていた。

「恒成王が、中国で戦死した！」との早船の情報が届いていたのである。

大成「皆に集まってもらったのは、他でもない！父王《ふおう》が戦死した。緊急な知らせだ。」

家老「何ですと！戦死？何があったのでございますか」

大成「掛《か》け売りをしているいつものあの商人、人を頼んで船を襲った。夜陰《やいん》に紛《まぎ》れて、不意打ちされた。王は、奮戦むなしく、討ち死にとのことだ。腹の虫がおさまらぬわ！」

家老「そんな馬鹿なことがあってたまるか！闇討ちした！だと、いまいましい奴め、これまでの伝統を破りおって…。」

臣下D「まっこと！不届《ふとど》きでござる。これまでの商取引を台無しにしおって！払う金が惜しかったのか。こらしめてやりませぬと…。」

大成　「大国のこと故、戦さをする訳にも参らぬ。問題は、父王の弔《とむら》いをいかにしたものかと…。」

家老　「何か、お考えがありまするか？もうひとつ困ったことに…。平氏《へいし》の申し入れをいかが致したものかと…。」

大成　「父王の死は、伏《ふ》せておけ！弔いは、あらためて伊集院で行う。平氏が動いている！という知らせは誠か！」

臣下A　「誠にございます。」

大成　「して！その勢《いきお》いは、いかがじゃ！」

臣下A　「ハッ！千騎は、優《ゆう》に超《こ》えているとの由《よし》にございます。」

大成　「「何いー、一千騎を超えているだと！そう申すのか！これは侮れぬわ。何か、良い計略《けいりゃく》を立てねばならぬ。意見を申してみよ！」

臣下B　「地の利は、わが方に有りますれば、一気に、蹴散《けち》らしましょう。」

臣下C　「いやいや！父王《ふおう》の葬儀もありますぞ。ここは、穏便《おんびん》に致した方が良いかと‥。」

臣下D　「相手があることじゃ。何を望んでおるか、お互いの利益の道を探るのが得《とく》策《さく》ではござらぬか。」
家老　「平氏の望みについてだが‥もう調べはついておる。南宋との貿易じゃよ。」
大成　「他に申したきことはないか？」
一同　「ございませぬ。」
大成　「さよか！父王の鎮魂《ちんこん》も致さねばならぬ。平氏との交渉は、わしの一存《いちぞん》で行うが、それで良いな？」
家老　「ご随意に！くれぐれも、父王のことは、悟られませぬように！」
大成　「あい判った！すぐに談判《だんぱん》の用意を致せ。急ぐのだ！」

その後、「伊祖城に参上されたし」との急な書状が届けられた。維盛《これもり》は、三名の重臣を伴って、伊祖城の王の間に向ったのである。そこには、大成ら家老をはじめ、臣下たちが控えていた。

案内の者の声が響く。

ガイド「平維盛卿《たいらのこれもりきょう》、ご一行様が参上《さんじょう》致しました。」

大成「案内《あんない》、致すが良い。」

維盛、進み出て口上《こうじょう》を述べる。

維盛「初にお目にかかりまする。それがし、平清盛《たいらのきよもり》が直系、重盛《しげもり》の嫡子《ちゃくし》、維盛《これもり》と申しまする。本日、ここに罷《まか》り越《こ》したのは、紀恒成王にご挨拶の上、ご相談致したきことが有り申して、参上致した次第にございます。」

大成「あいにくだが、恒成王は、中国、南宋に出かけている故、留守である。相談致したきこととは何か？何なりと申し述べるが良い！」

維盛「我々平氏《へいし》は、この度の源氏《げんじ》との戦《いくさ》で、敗れは致しましたものの、捲土重来《けんどちょうらい》を期《き》して、この島々に一族一同が参集しております。天孫氏の御方々《おんかたがた》には、微《み》塵《じん》もご迷惑をおかけすることは致しませぬ故、土産を持参してご挨拶に参上つかまつった次第でござる。」

大成　「何いー！すでに一族の者らが、この地に渡って来たと申すのか！」

維盛　「左様にございます。今は、千五百騎ばかりが、各地に移動してござるが、戦さは、好みませぬ故、参上致した次第。」

大成　「土産を持参の上に、戦さなどする気はない！と申すのか？誠に殊勝《しゅしょう》である。して！これからどうやって、皆の者は、暮らすつもりじゃ。」

維盛　「これまで、我が一族郎党は、宋との貿易で栄えて参りました故、これからも、この島々を足がかりに致して、貿易を営みとうございます。」

大成　「わが天孫氏一族は、古来より、大陸との貿易を営んでおる。うぬら平氏一族もそうしたいと申すのか？」

維盛　「新たに営むのではございませぬ。宋朝は、金国《きんこく》との戦さに押され、南に下っておりまする。我々のこれまでの海の道が、閉ざされました故、新たな海路が必要なのでございますれば…。」

大成「源氏に負けて、この島々を拠点にしたいと？道を拓きたいとそう申すのか？」

維盛「実は、南宋より火急《かきゅう》の書状が届いてござる。これまでの取り引きをいかが致すのか？新たな海路を拓《ひら》き、貿易の再開ができるかどうか。早急に報告されたしとの由でござる。」

大成「なる程、そなたらも宋との貿易を営んでおったのじゃな？それなら、話も早い。今後、どう致すか、談判《だんぱん》を始めようではないか！」

維盛「願ってもないことでござる。」

大成「我々一同で協議した結果だがの？そなたらが琉球に来たのを機《き》にだ、紀氏《きし》の主だった者は、ここを離れて、伊集院に移ることに相《あい》なった。」

維盛「ここを離れると？そう申されるのでございまするか？」

大成「その通りである。その方が何かと、状況に迅速《じんそく》な対応ができるとな？」

維盛「このグスクは、どうなさるおつもりか？」

大成「それでお呼び致した。ついてはだ！この地を維盛《これもり》殿に、お譲《ゆず》り致そうと衆議《しゅうぎ》一致したのじゃ。受けてくれるであろうのォー。」

維盛　「何んと！まっことでございまするか！突然のことで…。それはそれは…畏《おそ》れ多くも、我々には過ぎたる申し出《で》でございますれば‥誠《まっこと》、それで、宜しゅうございまするか？」

大成　「それには、条件がある！これを呑《の》めるかどうかじゃ。先《ま》ずだ！これからの平氏《へいし》は、紀氏天孫氏《きしてんそんし》として振《ふ》る舞《ま》い、平氏の名はおくびにも出さぬこと。次は、南宋との商《あきな》いについては、我が郎党を同乗させ、共同で運営に当ること。その利益については、折半《せっぱん》と致すこと。三つ目は、盟約《めいやく》を交わし、いかなる時にも争わず、双方に存亡《そんぼう》の危機ある時は助け合い、末長く友好に努めること。以上である。確約できるかだがのう。」

維盛　「平氏の名を伏せて行動されたしとの件、しばらくのご猶予《ゆうよ》を頂きたく。また、南宋との取り引きについては、願ってもないことでありますれば、南宋にも良い報告ができまする。我々、新参《しんざん》の者に、この地に定住させてもらえるとの過分なご提案、心より感謝申し上げる次第。」

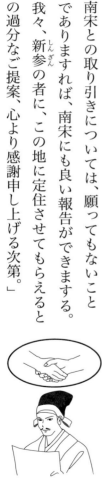

大成

「わしからの提案！快く承諾致し、この上ない喜びである。では、早速《さっそく》！盟約を結び、書状を交わすことに致そうではないか！

それから両者は、盟約を結んで書状を交わし、友好を誓い合ったのである。

紀氏天孫氏は、戦さをしないで済んだこと。更に素早く、移動ができ、最高の結果を得たのであった。主力は、伊集院(現在の日置市)に移動し、そこで紀《き》恒成《こうせい》王の葬儀が、盛大に執り行われたのは言うまでもない。

維盛《これもり》らも、南宋の申し出に応えることができるようになったこと。更に、琉球の島々を共同で運営できることは、幸運であった。

両者の盟約の文書は、後の世に明らかになり、発見した当事者たちを驚天《きょうてん》動《どう》地《ち》の世界へ誘《いざな》うのである。

平氏は、天孫氏を名乗ることになり、これはまた同時に、日本の四大名門の姓である源《げん》平《ぺい》藤《とう》橘《きつ》の平氏が消えた瞬間でもあった。

偶然のような顔をして

出合いとは不思議なものである。

私にとっての大切な教えは、名護親方の『琉球いろは歌』の「漢字を調べたら、ウチナーグチが判らなくてもその意味が解る」こと。

それに、白川静の『字通』が、「勢理客の漢字の意味を解け！」と示唆してくれたことであった。まさかこの二つの出合いが、今になって役立つとは、とても信じられないのである。

この物語を書くことについても、「目には見えない何らかの糸が結び合っているのではないか？」とそんな気さえしたのである。

密《ひそ》かに思うに、これは、沖縄の島々の空に漂っている風の中に、「本当の歴史を語れ！」という先達《せんだつ》たちの念《おも》いがあるのではないか？と感じたのである。

大袈裟に過ぎるだろうか？不思議な感覚に包まれている。

いずれにしても勢理客が導いてくれた最終地は、浦添であり、そこには、重大な意味があったのである。

それは、勢理客の隣りに宇治真ケ原《うじまはら》の伊祖城《いそぐすく》があり、そこはまた、天孫氏が初めて王朝を開いたゆかりの地であったこと。

平氏は、この重要な意味を持った浦添の地で陣容を整え、天孫氏と真正面から渡り合う体制を作り上げたのである。

「武器を取って戦うか？」それとも「話し合いでケリをつけるのか？」

この二者択一《にしゃたくいつ》の選択をどうするか？について、天孫氏と平氏は、「平和的に同盟を結ぶ道を選んだ」のであった。

それでは、これまでの紆余曲折《うよきょくせつ》について、私のアバターの二人に、また語ってもらう。

ハベル　「最高でしたわ、あれは！何てたって、天孫氏と平氏が同盟したってことよ。」

タ　オ　「やはり、そこに目が行ったんだ。」

ハベル「よくもまぁーまた、そんな直感が働きましたこと！奇想天外って言うのか、ビックリしましたわよぉー。」

タオ「両方の立場を考えていたらサァー、突然！イメージが浮かんだんだよなァー。」

ハベル「それはもう、夢のような話でしょう？平氏と天孫氏が同盟するなんて…。新しい琉球の歴史物語が生まれるのじゃないかしらって、ワクワクしましたもの。」

タオ「確かに楽しくなったよなァー、彼らの選択がサー、その後の時代を輝かせることになるんだから、正に！海で世界をつなげみたいにサー、そんな心意気を感じるんだよなー。」

ハベル「やはり、心を合わせるって凄いんだ！素晴しい社会がつくれるってことですものねー。」

タオ「こんな発想ができたのも、何んてたってサー、玉葉だったよなー。」

ハベル「と言うと、前に出ていたアレのことですの？平維盛《たいらのこれもり》が南に下ったという」

タオ　「そうそう！それだったなー、その日記のたった一行《いちぎょう》。ショックだった。
とても新鮮な思いにかられたよ。」

ハベル　「よくもまー、またですわ。
玉葉なんて本、見つけましたこと。」

タオ　「実は…それなんだけどサー、奥里さんのお陰なんだ。」

ハベル　「と言いますと、あの本のかた？
沖縄に君臨した平家を書いた人？」

タオ　「そうなんだなー、沖縄と日本の関係をサー、できる限り、全力を尽して調べた
と思うんだよ。一生を賭けて…凄い人だよ。」

ハベル　「そして、大変な発見をされた…。」

タオ　「そうなんだ。誰も書かなかった平家のことをね?玉葉は、その本でみつけた…。」

ハベル　「やっぱり、偶然のような顔をして…玉葉に出合ったのですわね。」

タオ　「いいフレーズだ。偶然の顔をしてですか。」

奥里 将建

ハベル「偶然のように、呼び込んだのね？」
タオ「どうして判るんだ。正にそうなんだ。」
ハベル「思い続けていたら叶《かな》うでしょう？
偶然ではない！ってことですわね？
それがキッカケでこの物語を書くことにしたと…そうでしょう？」
タオ「実は、そうなんだなー、刺激が強すぎてサー、かき立てられたんだよなー。」
ハベル「そうでしょうねぇー、平家は、壇の浦で滅んだってことですものねぇー、それを引っくり返すんでしょう？強烈過ぎますわ。しかも、生き残った平氏が大挙して沖縄に来たなんて、とても信じられませんもの。」
タオ「でしょう？普通は、考えないよなァー、平家が沖縄に君臨したなんてサー、誰だって、眉唾だろうって思うサ。」
ハベル「でもあなたは、心を奪われた…。」
タオ「確かにその通りだ。一生、消えない。だから、世鑑に向う覚悟をさー。」

ハベル「まさか、源氏中心の世鑑を引っくり返してやる！なんて、そんな、とんでもないことを考えていませんですわよね？

タオ「そのまさかなんだけどよ！今は、それぐらいの気で立ち向わないといけないんだ。在野の者が、世鑑に風穴を開けないと駄目だと思っているよ。もう信じられないんだよね。今は世鑑をサー。」

ハベル「まあー、そこまで…。いつ頃でしたの？世鑑ができたのは？」

タオ「どうしたんだよ、急にまた、それは、確か、千六百五十年だったと思うが…。」

ハベル「そう急になの、島津さんが琉球を占領したのが、千六百九年でしょう？その何年後だったのかしらって…。ほぼ四十年後ってことですわね？」

タオ「そうだが、それがどうかしたの？」

ハベル「ただ、よく考えたいの。なんだか、四十年後というのに理由がありそうだと…。」

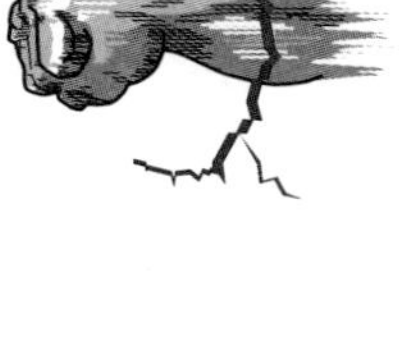

琉球占領に隠された秘密

薩摩藩主の島津家久は、「琉球の船が、仙台や平戸に漂着して、助けてやったのに、お礼がない」とか、「明と貿易ができるように頼んでも、言うことを聞かない」などを理由に琉球を占領することを決意したのである。

千六百九年三月、三千名余の島津軍は、奄美、徳之島を攻めながら南下、今帰仁の運天に上陸した。今帰仁城を焼き払った後、那覇に向けて出発。主力は読谷に上陸し陸路から火を放ちながら、首里に攻め入ったのである。兵士たちには、「書庫に火を放ってはならぬ」と固く言い渡されていた。

その中で、大きな目標のひとつになっていたのが、弁財天堂であった。

この堂は、十六世紀の初め頃に、尚真王が建造したと伝えられており、その中には、李氏朝鮮から贈られた三千冊余の大蔵経が収納されていた。当時の室町幕府が、ノドから手が出る程、欲しがっていた仏典であったのだが、ごっそり失くなった。何処へ行ったか？今、行方知らずだ。

島津軍は、いよいよ、琉球占領の秘密の目標に迫るのである。それは、十年前に、藩内で起きた庄内の乱で葬り去った天孫氏伊集院の関係資料と琉球王朝成立の歴史文書を奪い取ることであった。

平田宗髙大将の指揮の下に、首里城を占拠した島津軍は、尚寧王を追い出して、十日間余りをかけて王府の書庫や宝物《ほうもつ》庫を丹念に洗い出し、重要なものは全て奪い去ったのである。戦利品を検分していた平田大将は、その中に螺鈿細工が施されていて、異様な光を放っている細長い箱に魅入られていた。

それはいかにも「重要ですよ！」という風情を醸していたのである。紐を解いて開けてみると、中には、巻物が入っていて、何んとそれは、天孫氏の紀大成と平維盛とが署名した誓約書だったのである。

「滅亡」した筈の平家とその棟梁の維盛が、琉球に来ていた」ばか

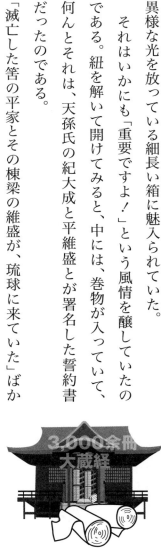

りでなく、しかも、「天孫氏と同盟を結んでいた」という信じ難い内容のものであった。

それを確かめた平田大将は、ショックで色を失い、書状を持った手が、ブルブル震え始めたのである。

「まさか、こんなことがある筈はない！何かの間違いであろう。まさか、まさか」と呟くしかなかったのである。

書状には、

「琉球王朝を創設するに当り、天孫氏と平氏は、相互に戦さはしないとの固い契りを結び、臣下一同、子々孫々まで繁栄することを願い、ここに、誓うものである。
一、平氏は同盟を結ぶに当り天孫氏を名乗ること。
一、これより先は、島々の民と力を合わせ、平和な世を築くこと。
一、王と臣下は、南宋をはじめとし、アジアと共に海洋王国を築くこと。

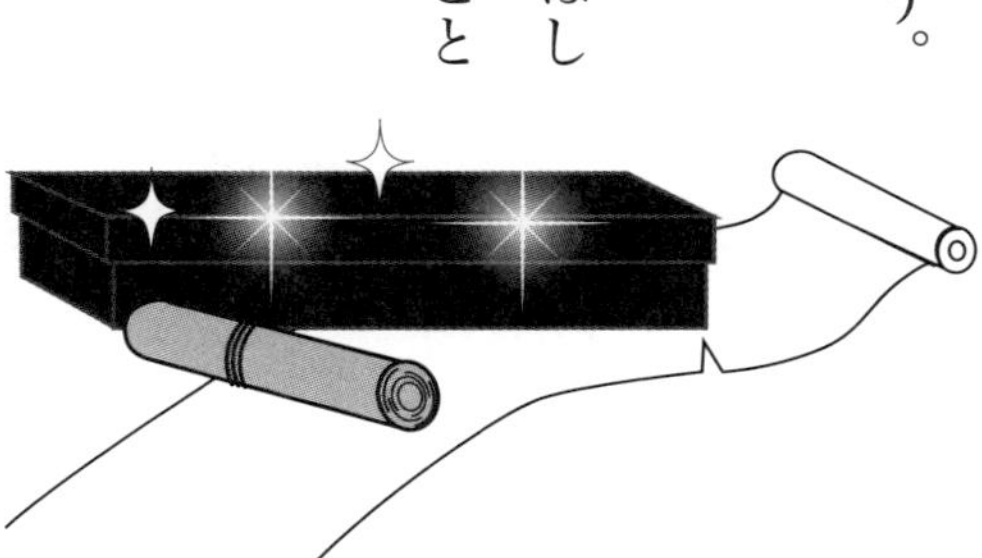

一、万が一、戦さがある時には、共同してこれに当ること。
一、後世は、この誓約を固く守ること」とあり、末尾には、紀大成と平維盛の署名がされていたのである。
平田大将は、今まで聞いたことも見たこともない、この恐るべき内容の文書をどうすべきか？早速、報告したのであった。報告を受けた藩主の家久は、驚愕し、この事実を未来永劫、葬り去ることを決意するのである。
誓約書の存在は、
「滅亡した平家が、南下して琉球王国を形成し、一時代を築いていた」ということであり、日本史が引っくり返ることをも意味していたのである。それ故に、この事実が世に知れ渡ることは、絶対にあってはならないことであった。源氏を名乗る島津氏にとっては、平氏の健在ぶりを示すこの文書は、自らの存亡をも揺るがしかねないものであり、藩を上げて封印することにしたのである。ところで、
薩摩地域には、長年に亘って、伊集院と島津との権力闘争が続いていて、その最終

戦争は、千五百九十九年の庄内の乱であり、島津の勝利で決着したのである。乱の原因は、伊集院の当主が島津の手によって、京都の茶室で暗殺されたことによるものであった。

それから十年後に、琉球の占領を決めた背景には、琉球に残されていた天孫氏伊集院の関係資料を押収することにあったのである。

「巷間伝えられている島津の琉球占領は、領土の拡大と南海貿易の独占という表の大義名分の他に、裏には琉球王朝と伊集院の重要文書を奪取し、抹殺すること」にあったのである。

歴史にタラ・レバはない

千六百九年に、島津軍が琉球から奪い持ち去った仏典や歴史資料は、何処に消え失せたのか?すべてを焼き払った訳ではあるまい。いつの世にかこれらの書き付けが、表に出て来ることを祈るばかりなのだが…。

ここで重要なことを示唆しているのが、『岩屋天狗と千年王国』の以下の記述である。

「島津軍は、資料文献をすべて鹿児島に持ち帰り、琉球には琉球史を記録する形骸は一片もなく、わずかに神女《のろ》の口宣《こうせん》によるおもろだけが残るという無残さであった。」…。

また、「聞得《きこえ》大君《おおぎみ》御殿《うどぅん》、仙福寺、豊見城の宿、皆灰《みなはい》となった…。民家は記するに及ばず、家々の日記、代々の文書、七珍八宝は消え失せた」と『喜安日記』を引用している。

~同書上巻二二八頁~二二九頁~

ここで久しぶりに、アバターの二人に登場してもらうことにする。

ハベル「あの天孫氏と平氏との誓約書、やはり、あったのですわね？」

タオ「発見した平田大将の顔が見たかったんだがねぇー、しかし、昔のことだよなー。我々が前に話し合った、あの文書なんだが、あれから何年になる？」

ハベル「そうですわねー、王朝ができた千百八十七年のことでしたから… 島津の琉球占領が千六百九年でしょう？ですから…四百二十二年、経ったことになりますわねぇー。」

タオ「そう、そんなに、ずい分長いよなー。」

ハベル「良く保存してましたわよね。あれから、ズッと守り続けていたなんて、奇跡に近いですもの…。」

タオ「平和な海洋王国というか、平清盛の夢を実現する為の文書だったかもれない。」

ハベル「アジアに広がる海を船でつなぐ！壮大な夢ですわ。」

タオ「それが、四百年の間に、島々に根付いたんだと思う。きっとね？仲良くしなければ海は渡れないってサァー。」

ハベル「渡るには、仲良くするですか！そうですわね。でも、島津のお殿様は、それを破ったってことですわね？」

タオ「そう！四百年余りも外から攻められることが少なかったでしょう？きっと王府は、油断していたと思うんだ。」

ハベル「慢心ですか？外から攻められることは、ない！って。その結果でしょうよ。大切な文書が全て無くなりましたもの。」

タオ「洗いざらいだ。戦利品としてね？この島々が歩んで来た姿の記録が、なくなってしまったんだ。
歴史に、タラ・レバはないけどサー。でも、あの文書たちが残っていたとするとね？沖縄の歴史も違っていただろうと。」

ハベル「そうですわ。きっとそうですわ。まさか平氏と天孫氏とが手を組んでいたなんて…。島津のお殿様もビックリ仰天したんじゃないかしらねー。その姿が目に見えるようですもの。」

タオ　「そうだったでしょうよ。でもサー、驚いて腰を抜かした分だけ、しっぺ返しがあるような気がしているんだ。」

ハベル　「百倍返しをしますかしら…。」

タオ　「放って置く訳がない！和やかな琉球の社会を打ち壊して、どう支配して行くのか?じゃないかって…。」

ハベル　「と言うことは、過酷で、耐《た》え難《がた》い時代が待っている！って、そういうことかしら…。」

タオ　「そう思うなー。」

二人が案じた通りに、藩主の家久《いえひさ》は、ある秘策を練《ね》っていたのである。

琉球歴史を創作する

　島津氏にとって、
紀氏＝伊集院＝天孫氏と平氏との誓約書は、実在してはならない
文書であった。ましてやそれが、「南海に去って行った維盛卿」の
その後の記録なら尚一層のことであり、
何んとしても消し去らねばならなかったのである。
「藩主の家久は、どうやって資料を抹殺するかを真剣に考えたに違いない。どんな方法を編み出すのか？」などと。
　こんな思いをズッと心の中で繰り返していたからなのだろうか？
那覇・羽田間を短期間で二往復する時があり、最後のフライトで突然、島津の琉球歴史創造のイメージが浮かんで来たのである。
　機内で、脇目も振らずに一心不乱に一時間余りで書き綴ったのが以下の物語である。
沖縄に対する馬耳東風な日本列島の姿と今の日本のリーダーたちの会話もかくあ

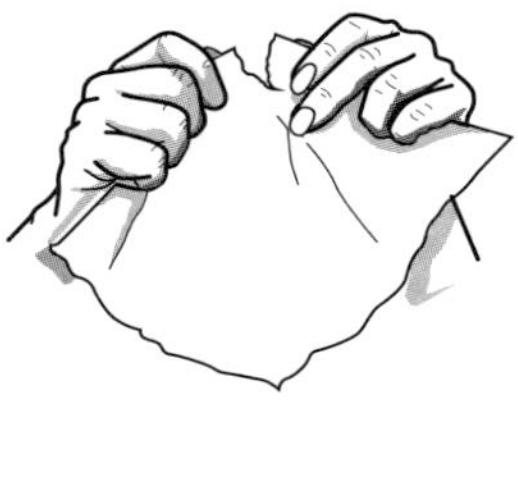

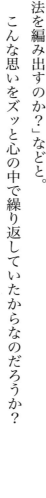

るのではないか？などと昔と今とがダブってしまい、少し長くなった。

空にいたせいであろうか？かなり飛んでいる。以下である。

『藩主の島津家久は、腕を組みながら、占領地の琉球をどう支配し、統治するか？と構図はすでにでき上がっていた。

それは、表の制度とは別に、「琉球の歴史を作り変えて、人心を支配すること。知識層を洗脳して、民へ創作した歴史を伝えさせること。不都合な文書は徹底的に召し上げること。」などで、目に見えない心を支配することであった。そのことを徹底させる為に、主だった三名の者を呼び付けた。

そのひとりは、家老の小松新蔵、それに侍大将の平田宗髙、あとのひとりが、竹林重安で藩の知恵袋で歴史学者であった。

皆が揃ったところで、家久が切り出した。

家　久　「琉球には、わが藩に不都合な歴史文書があるだろうと、踏んでおったがのう。まさか、このような誓約書という大魚《たいぎょ》が釣れるとは思ってもみなかったことじゃ、めでたい！平田殿、でかした！大儀であった。何よりである。」

平田
「有難きお言葉を頂《ちょう》だい致し、この平田、身に余る光栄に存じまする。」

家久
「さて、お三方《さんかた》を呼んだのは、他でもない、これからの琉球をじゃ！いかに料理するかなのじゃ。余の考えを述べる。先ず、我が藩に靡《なび》くように変えること。この大魚《たいぎょ》、誓約書は、今！ここで焼き捨てる。平田殿、文書はここにある。皆の前で火をつけよ。」

平田
「ハッ！かしこまりました。」と言って、赤々と燃えている火鉢の上で焼き捨てたのである。

家久
「これで良いのじゃ。邪魔な誓約書は消えた。他言無用に致せ。口外する者は、誰であろうと打ち首だと知れ、良いな！」

一同うなずく、つづいて、

家久「これから余が申すことは、しかと頭に叩き込んでおくのじゃ。

ひとつ、琉球の始祖は源氏とし、天孫氏の名は消し去ること。

次に、平氏の名は、おくびにも出すな。

知られずに悪玉に仕立てること。

歴史の編纂に当っては、琉球が独自で行なったようにすること。

竹林殿、あい判ったな。」

竹林「ハハー、意に沿うように致します。

家久「よかろう！小松殿、竹林と相謀《あいはか》って、良きように致せ。」

小松「かしこまりました。」

家久「今日のことは、秘密ゆえ、なかったことに致す。以後は、そちらで、良きに計《はか》らえ！わかったな！以上である。」

一同は、重く受け止め、鳩首《きゅうしゅ》会談は、終わったのであった。新しい琉球史の創作は、竹林の手に委ねられた。

竹林　「ご家老殿、これから、いかが致したものかと…。」

家老　「琉球には、適当な者は、おらぬか？」

竹林　「これまで、目をかけて来た者が、おるにはおりまするが、いかんせん、若過《わかす》ぎる嫌いがございますれば…。」

家老　「そう急がずとも良いではないか！時間をかけて鍛え、こちらの望み通りに育てれば良い。」

白羽《しらは》の矢は、ここに於いて、羽地朝秀《はねぢちょうしゅう》に立ったのであった。

白羽の矢は立ったのか

千六百四十五年、二十八歳になった羽地朝秀は、思慮深く、何事にも積極果敢《かかん》に取り組む成年《せいねん》になっていた。その姿は、王府の中でも抜きん出ており、竹林重安《たけばやししげやす》は、ほくそ笑んだ。

「これで、わが殿の命《めい》を実現する時が来た。」と、満《まん》を持《じ》して待っていたのである。
竹林は、早速、「薩摩に上るよう」羽地を呼び出した。そして、おもむろに言った。

竹林「そちは、尚質王《しょうしつ》から何か言われておるかのう？」

羽地「ハッ！先年より、琉球の歴史を編纂《へんさん》するようにと仰せつかっております。」

竹林「左様《さよう》か、この度は、そなたの姿勢を問う為じゃ。して！今は、どういうことに取りかかっておるかのう？」

羽地「ハイ！鋭意《えいい》、諸先輩の方々から聞きとり調査を致しております。」

竹林「やはりのう、行動が早いわ。わしの目に、狂いはなかった。して、書き出しは、どうするのじゃ。」

羽地「もちろん、天孫氏《てんそん》であります。父祖《ふそ》から代々《だいだい》伝えられていることであります故《ゆえ》、島の者は皆、そう語り継いでおります。」

竹林「天孫氏は神話だ！歴史ではないわ！」

羽地「そう書かねば、皆、納得致しませぬ。トートーメーにも天孫氏より始むと書いてあります故、そう致しませぬと…。」

竹林「そう書かねば、どうなるのじゃ」

羽地「笑い者になりまする。何を血迷ったのだと。末代《まつだい》まで禍根《かこん》を残すことに相《あい》なりましょう。下々《しもじも》の不満が噴《ふ》き出し、治政《ちせい》にも混乱が生じませぬかと…。」

竹林「左様か、しばし待たれよ」と言って、竹林はその場を下《さ》がり、家老の小松新蔵《こまつしんぞう》と協議に入る。

家老「羽地は、天孫氏は譲《ゆず》れぬ！とそう申しておるのじゃな？」

竹林「左様にございます。治政に乱れをきたすと、かたくなにございます。」

家老「天孫氏が琉球の始祖とあらば、いかにもまずい。これを消し去る方法はないものか。たとい、それを島人《しまんちゅ》が信じ切っておってもじゃ。それは、殿の命令にも背《そむ》くことになる。我が藩にとっては都合が悪すぎるのじゃ。何としても、

始まりは、源氏であらねばならぬ。」

竹林　「私に考えがありまするが…。」

家老　「申してみよ！」

竹林　「ここは、少し下がってしばらくは、羽地の主張を認めておくのです。そして、それと引きかえに、物語を入れるのです。」

家老　「なにぃー！物語を入れるだと？そのようなことが、でき申すのか！それは何じゃ。」

竹林　「源氏の為朝《ためとも》を使うのです。幸いなことに彼は、時期もあう上に、『保元《ほげん》物語』で、英雄になっておりますれば、天孫氏と並ばせても良いかと存じます。」

家老　「なる程《ほど》！妙案《みょうあん》じゃがのう、しかしだ、天孫氏と併記するとなると、天孫氏に分《ぶ》がある

竹林 のではないかのう。」

家老 「なぁーに、頃合いを見計《みはか》らって、伊集院を葬ったように天孫氏を消し去れば
よろしいかと。」

竹林 「そんな芸当《げいとう》ができるのか?」

家老 「できますとも！押しつけるのです。反抗できぬように、消し去るのです。」

竹林 「そなたは、為朝《ためとも》を琉球歴史の始祖にすると申すのか?そういう訳にはのォー、
いくら何でも、それはできもうさぬわ。」

竹林 「ご指摘の通りでございまする。それ故、琉球の始まりは、為朝の子とすれば、
一層、正当性が増しましょう。民草《たみくさ》にも信じさせることができる！というも
のです。」

家老 「何《なに》い?為朝の子とな?」

竹林 「左様でございます。島の娘との間にできた子と致します。」

家老 「羽地は、納得するかのう?」

竹林「納得させるのでございます。承諾《しょうだく》致さぬ！とあらば、打ち首にすれば宜しい。みせしめにも相《あい》なりましょう。」

家老「そうしなければならぬ！と申すのか？」

竹林「歴史書は、古今東西《ここんとうざい》、似たようなものであります。ご承知とは思いまするが。虚偽《きょぎ》であっても、時間をかけて押しつければ、そうなるものでござる。あらがえぬように、心を縛《しば》るのが得策《とくさく》かと…。」

家老「そういうものかのォー。」

竹林「羽地には、我が藩の都合通りに、記述させせまする。」

このような打ち合わせを終えた竹林は、再び、羽地を呼びつけたのである。

竹林「琉球の始祖は、そなたの申す通りに、天孫氏と致すが、それで依存はないな？」

羽地「願ってもないことであります。臣下《しんか》もきっと、喜びましょう。」

竹林　「じゃが！のぉー、その後《あと》の記述じゃ！
我が藩は、源氏である。琉球の始祖も源氏でなければならぬ。
そう致さねばならぬのじゃ！」

羽地　「と申されましても、天孫氏が始まりと致しますれば、一万七千八百二年に…。
源氏は、おりませぬのですが…。」

竹林　「なにー！馬鹿もんが！わしの言うことが聞けぬと申すのか！」

羽地　「めっ！滅相《めっそう》もございません。
決して、そういうことでは…。」

竹林　「大和《やまと》と琉球は、もとから繋《つな》がっておる！
そうであろう？いかがじゃ？」

羽地　「左様でございます。大もとは皆！つながっておりまする。」

竹林　「そうじゃろ、それで良いのじゃ。わしに良き策がある。」

羽地　「と申されますと？」

竹林「良き見本があろう。『保元物語』じゃ。」

羽地「『保元物語』でございますか？」

竹林「そうじゃ！あの記録は、琉球の始めに打ってつけじゃ。」

羽地「と申されましても…。どう書けば…見当《けんとう》が付きかねますが…。」

竹林「写すのじゃ！源氏の英傑《えいけつ》、為朝《ためとも》が琉球に流れ着いたとな？運を天にまかせて、着いたことにするのじゃ！」

羽地「琉球の歴史に、『保元物語』をですか…、それではあまりにも…。」

竹林「書けぬと申すのか？ご先祖は一緒なのじゃ。おぬしの知恵と筆の力でのォー、どうにか致せ！できぬとあらば、わしにも考えがあるでのォー、」

羽地「滅相《めっそう》もないことにございます。」

竹林「そうじゃ、それで良い！」

朝秀は、書くとは言ったものの、困り果てていたのである。ひとり、空を見上げて、

「どうしたものか、わしに嘘は書けぬ。しかし…書かねば首が飛ぶのは必定《ひつじょう》。誰かが、やらねばならぬのだが…。代わる者がおらぬ、どう致せば…」と。

中々、答が出せないまま、悶々《もんもん》としている内に、滞在の日々が過ぎて行った。

ある日の明け方のことである。まどろみの中で、老師《ろうし》が夢に現れたのであった。

「大和と琉球とは、繋《つな》がっておる。同じ先祖なのじゃ！悩むことはない。言う通りに書きなされ。じゃがのう！良くよく、考えるのじゃ…。」そんな言葉を残して、消えた。

鳥肌《とりはだ》が立ち、冷や汗をかいて目が覚《さ》めた。

「竹林の言う通りに書け！と。大和と琉球は同祖だ。悩むことはない…」と。

悩みはフッ飛び、そうする！と固く決意したのであった。

編集の構想がまとまりつつある時に、竹林から「来い！」と呼び出された。

竹林「いかがじゃ、『保元物語』をだ！書き写すことに同意じゃな？」

羽地「ハッ！仰せの通りに同祖でまとめとうございます。」

竹林　「それで良い！　為朝《ためとも》の子は、尊敦《そんとん》と名付け、王の名は、舜天《しゅんてん》だ！　それにもうひとつ、付《つ》け加えねばならぬ。天孫氏のことじゃ。」

羽地　「天孫氏をどうせよ！と…。」

竹林　「殺させるのじゃ！」

羽地　「天孫氏は、未《ま》だ続いておりまするが…滅んだ！ということにせよと…。」

竹林　「そうじゃ。逆臣《ぎゃくしん》が、王を弑逆《しいぎゃく》する。その者に、王殺しの汚名を着せるのじゃ。」

羽地　「誰が殺すのでありますか？」

竹林　「臣下《しんか》の誰でも良い！　理由はない。天孫氏は、途絶《とだ》えたことにするのじゃ。そして、その逆臣《ぎゃくしん》は、尊敦が征伐《せいばつ》して、王に推《お》されたことにするのじゃ。」

羽地　「天孫氏の王は、誰が殺したことにすれば良いのでしょうか？」

竹林　「理由はない！　先程、申した通りだ。よく考えるのじゃ。相分《あいわ》かったな。」

羽地　「仰せの通りに致します。』

ここまでが、機内で一気に書き上げた物語である。

この会話を綴りながらではあったが、島津は、琉球を占領統治するに当って、表と裏の戦略を駆使したであろうことが浮んだのである。表の制度では、「掟十五条」を制定して、清との自由な貿易を閉ざし、過酷な税を課したことは、強調してもし過ぎることはない。しかし、目に見えない心の支配が今も続いていることを忘れることはできないのである。

その先兵となったのが『中山世鑑』であり、今も県民の心を支配し続けている。

この編纂《へんさん》に当った羽地朝秀は、唯々諾々《いいだくだく》と島津に従ったのであろうか？彼の心の葛藤を見逃す訳には参らないのである。

彼は、竹林に従ったフリをしながら何を考えたのか？

羽地に天の声

羽地は、竹林の申し渡しを聞き終り、帰路についていた。帆を上げた船は、北風《ミーニシ》をいっぱい受け、一路南に向って進んでいる。羽地の傍《かたわ》らには、書き写した『保元物語』があり、これから始まる歴史編纂《へんさん》の作業を思い、眩暈《めまい》を覚えるのであった。

重苦しくなる気分を吹き飛ばそうと船室を出て、船尾に向った。北風が頬をなで、水平線に目をやると、開聞岳《かいもんだけ》が遠ざかって行く。

羽地は、これから歩むであろう琉球の行く末を思いながら、ややもするとくじけそうになる心を押えている。

「負ける訳には参らぬ」と北風に向って、固く決意するのであった。

船は、おだやかに進み、久しぶりに眺める琉球の島々は、母の懐《ふところ》に抱かれたような気がして、胸が熱くなるのを覚えたのである。

羽地は、島に戻ってからというもの悶々《もんもん》とする日々を送っていた。あれから三年が過ぎたにも拘《かかわ》らず作業は、難渋《なんじゅう》し、手を焼いていたのである。

筆が進まなかったのは、「ホントに君はそれで良いのか？」と、度々頭に浮ぶ白い髭《ひげ》の老師の言葉と竹林の命令との間にはさまれ、心が掻《か》き乱されて苦悶《くもん》していたのである。「やはり、嘘を書く訳にはいかないよ」と、良心の呵責《かしゃく》に苛《さいな》まれていたからであった。

そんなある日の明け方の夢に、また、あの老師が出て来たのである。「良く考えよ」と言って、去った後に、今まで見たこともない不思議なシーンが現われたのである。

「自分は今、夢の中にいて、何かを見ている。どうも伊祖城《いそぐすく》の宴《うたげ》の席にいるようだ。宴は、天孫氏と平氏の同盟を祝う座らしい。白拍子《しらびょうし》が、雅《みやび》な音楽に合わせて舞っている。平維盛《たいらのこれもり》らしい人物と天孫氏の紀氏《きし》が並んで盃《さかずき》を交わしながら、白拍子の舞い姿に見入っている。

維盛は、傍《かたわ》らにいる紀氏に何《なに》言うともなく、「柳は緑、花は紅《くれない》でございますなァー」と、それに応えるかのように紀氏は、「左様でございますなァー、梅は匂《にお》い、人はただ情《なさけ》と申します」と。

二人は、中国宋の詩人、蘇軾《そしょく》を偲《しの》びながら、春爛漫《らんまん》の風の中で、移り行く時代を楽しんでいるかのようであった。」

羽地は、

突然！目が覚めて飛び起きた。

これは、きっと、何かのサインではないかと…呟いた。

「そう言えば…後白河法皇も詠《うた》っていたような…遊びをせんとや…ではなく、そうだ！

思い出したぞ！あれだ！そうだ！

仏《ほとけ》は常に居《い》ませども、現《うつつ》ならぬぞあわれなる…うーんと…人の音せぬ暁《あかつき》に、仄《ほの》かに夢

に見え給う」だ。これだったんだと…。

あの夢は、老師が勇気をくれたんだ。琉球王朝ができた真の姿を忘れるな！と暗示したのに違いないと思うのであった。

羽地は、今の夢は決して忘れない！と心に誓った。これで突破できるぞ！と。

実際に羽地の筆は、竹林が言った、

「天孫氏を殺す男は、誰であっても良い。それに理由はない！」

という場面で止まっていたのである。

夢のお告げ、ヒントのお陰で、羽地に勇気が湧き出し、明るさが戻った。

「天孫氏を殺す男は誰か？理由はない！

アッ、リユウねぇー、そうだ！男の名前は、これを使えばいいんだ。リは利にすると素早く、鋭い、これでいい。ユウは、殺害するのだから、勇ましいの勇でどうだ！利勇の名前にするとピッタリじゃないか。王殺しの名前に相応しいじゃないか！この名前には、リユウがあるぞ！」と、ひとりほくそ笑んだのである。

羽地の次のテーマは、重大であった。

それは、「物語を写して歴史にした」をどう扱うかであった。

「世鑑には、嘘の物語がありますよ！」と、表現することはできない。それを匂わしたとしても、あの竹林は、すぐに見つけて、「削除《さくじょ》！」と言うに決まっている。解《わか》らないように、さりげなく、そっと表現する方法はないか？と思案するのであった。そして決意した。

「ままよ！成るようになれ！だ。利勇も、『保元物語』と同じように、物語の人物にすれば良いじゃないか。

バレたら、バレたで、その時は、その時だ！バレない方法、見逃してくれそうな方法を考えるのだ！」と。

羽地は、老師からもらった勇気で、迷いが吹っ切れたのであった。

それはまた、琉球を背負う男の矜持《きょうじ》であり、王族としての意地であり覚悟でもあったのである。

〈島津氏は琉球王朝成立の姿を知っていた〉

「藩主の島津家久は、どうして琉球を支配する効果的な方法を編み出すことができたのだろうか？」また、「中山世鑑は、琉球占領からどうして四十年後に編纂されたのか、その理由は？」など、物語を綴りながら様々な疑問が湧き出て来たのである。

いつも掘りゴタツに入って、物語を書いているのだが、仰向けになって天井を見つめる日々が続いている。「突破口はないか」とか「何が彼等をして、かくも…」などと「二百七十年間に亘って、パーフェクトに近い琉球支配ができたのか？」と。汲《く》めども尽《つ》きないテーマが、どうして次々と出て来るの？という感じであった。

ことのおこりは、全て、千六百九年なんだ！そうだったよなー、簡単に流して来たなー、と。この物語と関係することがあるとは…少しも考えなかったのだが、その時、フト浮んだのが、家久が焼かせたあの誓約書であった。

そうかぁ…島津軍は、首里城から夥《おびただ》しい古文書や記録を根こそぎ奪い去ったんだったよなぁー、とするとだ、これらの文書を精査している筈だ。そのピンポイントは、王朝が成立した年、千百八十七年の真相を掴《つか》んだのではないか？と閃いたのである。その事実をすべて否定して、新しく組み換《か》えれば良いことになる。島津は、歴史を物語にする方法をあの文書たちから見つけたんだ。これだ！彼らは、すべてを知っていて、これを利用したんだと。

このようなイメージが、横になりながら頭から離れないので、起き上がって千百八十七年のできごとを整理してみたのである。

先ず、その年は、琉球王朝が樹立された年であり、『玉葉』の記述から平維盛《たいらのこれもり》が、南海に去って行った年でもあること。また、『岩屋天狗と千年王国』では、天孫氏の紀恒成《きこうせい》王が、淳熙《じゅんき》年間（千百七十四年～千百八十九年）に中国で死亡したと記録していること。

更に極めつきは、『中山世鑑』である。ここには、源為朝《みなもとのためとも》の子、尊敦《そんとん》が利勇《りゆう》を討って、琉球王朝最初の舜天王になった年とある。

このことをまとめてみて、琉球の歴史は、千百八十七年と千六百九年とが最重要な年であることを知り、また琉球の歴史に対する認識が浅かったなァーと腰が抜ける程、ビックリしたのである。それで、冒頭のタイトルを思いついたのであった。

この記述をまとめてみると、琉球王朝は、千百八十七年に樹立されたことは、定説の通りで、ほぼ間違いがないこと。また、王朝成立に当っては、天孫氏と平氏とが重要な役割を演じていたこと。更に、天孫氏の恒成王が中国で死亡していたのを知り、これを利用して利勇に毒殺させたこと。王を殺した利勇。彼を討ち取った尊敦を舜天王にしたこと。などの大筋を知ることができるのである。

物語を構成することは、容易であったと思われるのである。お手の物であった！と。

それでは、タオとハベルに王朝成立の背景にあるものについて、感想などを語ってもらうことにする。

タオ「千年王国の記事では、天孫氏の王である紀恒成は、中国で死んだことになっているよね？彼の死で琉球の天孫氏は、移動することになった！という訳でしょう？鹿児島薩摩半島の伊集院にサァー、どう思う？

ハベル「そうですわねぇー、今となっては確かめることはできませんわね。でも、その記事が真実だと仮定すると面白くなりますわ。維盛《これもり》とくっつけたらって。」

タオ「維盛と何をタックワーす訳？」

ハベル「タックワースって良く使いますこと。天孫氏とくっつけて…タックワーして、彼らの移動と合わせて考えると、どうなるかしら？ってことなのよォー。」

タオ「そうか！天孫氏が移動するねぇー。それを島津は、知っていた！…ってことなァー？」

ハベル「そうですわ。あなたの推察通りよ！島津は、千六百九年に、首里王府から重要書類を根こそぎ奪いましたでしょう？彼らは、それを吟味して、すべてを知ったんですわ。千百八十七年の真相を…。」

タオ　「どういうことよ！」

ハベル　「琉球王朝を樹立した本当の経過をですよ！」

タオ　「まさか！　あの天孫氏と平氏の誓約書でなァー？　それで樹立の背景を知ったと？」

ハベル　「それだけでなくて、重要な古文書からすべてを知ったと思いますの。そう考えますと、辻つまが合いますものね？」

タオ　「どんな辻つまがよォー！」

ハベル　「天孫氏は、本拠地を移すタイミングだったの。お誂《あつら》え向きに、維盛からの提案があった。渡りに舟だったのよ！　その後の統治は、平氏に頼んだわ。もちろん条件をつけてですけどね。」

タオ　「条件をつけて？と言うと？」

ハベル　「その条件は知っていますわよね。」

タオ　「条件？…あれねぇー、平氏の名を名乗らない！　ってこと？」

ハベル「そう！他にもありますでしょう？」

タオ「他にねぇー、お互いが協力し合うことかなー、平氏の姓を捨てて、天孫氏を名乗り、日宋貿易を行う、それでいい？」

ハベル「そう、それでいいわ。お互いが、主導権を争って、戦《いく》さをした形跡《けいせき》が見当らないのよ。初めの頃はね？双方が仲良くする方法を見つけたんだと思いますのよね？」

タオ「だとすると、大発見になるよね？」

ハベル「そうなの。大変なことになりますわ。」

タオ「千百八十七年の王朝の樹立は、天孫氏と平氏との連合王朝であった、源氏には関係がない！それって常識が引っくり返るよね？大変だ。」

ハベル「そうとしか思えませんの。私はね？」

タオ「まさに、この本のタイトル、世鑑を撃て！だよ。」

ハベル「あの三つの本の記事で、千百八十七年のできごとを色々と考えましたの。

それがね？利勇さんは、王を毒殺なんかしていません！それに気がついたのよォー。」

タオ「どうして、それが判るんだよー」

ハベル「だって、天孫氏の王は、中国で死んだってことでしょう？それを採用してみたのよ。するとですよ、王座は、空っぽになるわ。殺しようがありませんもの。利勇は、ただ、そこに座《すわ》っただけですわ。」

タオ「利勇は、王を殺していない。空いた王座に座っただけ！ってことなァー？」

ハベル「そうですわ。筋が通りますでしょう？」

タオ「真相は、天孫氏の王の死を利用しただけ？中山世鑑の記事がおかしくなってくるよ。」

ハベル「平氏も天孫氏も、お互いの都合に合わせて、手を握り合った。戦《いく》さをしないで、互恵《ごけい》の道を選んだ！ってことですわ。」

タオ「それが琉球王朝がスタートした時の精神だったというわけなァー？

島津は、それを知ってしまった。だから、何としてもその事実を葬《ほうむ》り去らねばならなかった。」

ハベル　「それで世鑑で物語をつくり、琉球の人々に信じさせることにした！ということですわ。」

タオ　「それが保元物語の為朝を使うことであった！とそういうことなァー。」

ハベル　「そうそう！そういうことですわね。」

タオ　「千百八十七年のくだりをサァー、羽地がどう書いているか？みものだ。」

ハベル　「そうですわね。」

羽地朝秀の覚悟

『中山世鑑《ちゅうざんせいかん》』は、島津のお殿様の命令で、藩の歴史学者、竹林重安《しげやす》の指導の下で、琉球が独自で編纂《へんさん》したように装った歴史書である。その任務に当ったのが、後に首里王府の摂政を務める羽地朝秀であった。

私は、彼に対して「唯々諾々《いいだくだく》と島津の意を汲んで、薩琉《さつりゅう》同祖論を唱《とな》えた腰抜けではないか」と思い続けていたのであるが…。

琉球王朝が成立した記念すべき年の、千百八十七年を、彼は、どういう風に記述しているのか？

諸見友重著の『訳注　中山世鑑』から引用する。

羽地の記事は、ほとんどの人が、見たことはないと思うので、少し長めに紹介する。

先ずは、総論の記述からで、以下の通りになっている。

「為朝《ためとも》公は、ある女性と通じて、一人の男子をもうけた。尊敦《そんとん》という。…生まれつき才能と人徳にすぐれ、人々を抜きん出ていたので、国人は尊敦を尊んで浦添按司とした。

この時、天孫氏の世は衰え政は廃れて、逆臣に弑逆されてしまった。尊敦は義兵を起して逆臣を討ち、代わって中山王になった。…これが崇元廟に祀られている舜天王である。」と。

前述の総論で、大筋を詠《うた》い上げた後に、その模様を次のように詳述している。

~同書一七頁より~

「為朝公は、大里按司の妹と通じて男子が誕生し、尊敦と名付けた。(中略)その子は漸《よう》く十歳《や》ばかりになると、器量が秀でていた。…御年《おんとし》十五歳の時に国人はこれを尊んで、浦添按司とした。…その後、天孫氏二十五世の治世に、逆臣利勇《りゆう》という者がいた。…主君の位を簒奪《さんだつ》する野心が芽生《めば》え始めた。ある時、酒に猛毒を入れて、薬酒と偽《いつわ》って、主君に進上《しんじょう》した。…間もなく血を吐いて、亡くなってしまわれた。これに利勇は、大いに喜び、自立して密《ひそ》かに中山王と称した。浦添按司尊敦はこれを聞いて、…門前より出陣した。…その勢いは程なく五十余騎になった。わずかにその軍勢で首里の城に押し寄せて、(中略)矢を惜しまず雨が降るかのように散々に射《い》ると…前面に立った兵士二十四人がたちまち射倒《いたお》された。…時の王利勇も、自らは戦う心構えだったが、敵勢のなすがままの状況に、妻子を刺殺して、自らも腹を切って果てた。この結果、浦添按司は、(中略)即位した。」

(~同書　五十一頁~五十四頁~)

この記事を見て私は、羽地への見方が変わったのであるが、どうして、島津の厳しい検閲の目をかいくぐることができたのか?この記述は、今でも燦然《さんぜん》と光り輝いている。

羽地朝秀は、今でも後世に語っているように思えるのである。

「注意して読み、気付いてくれよ!」と。それは、次の一行。

「五十余騎の軍勢で、

首里の城に押し寄せて」であった。

そこに、羽地の深慮遠謀というか、彼の知恵と勇気とを見たのである。

それでは、種あかしを、ハベルとタオに語ってもらうことにしよう。

ハベル　「羽地さんは、琉球の礎《いしずえ》をつくった偉人《いじん》だ!なんてですよ!とても評価が

タオ　高いですわよね？タオは彼をどう思っていますの？」

ハベル「彼の行政手腕についてはサァー、多くの人たちがコメントしているよね？世鑑《せいかん》だけについてならよ！凄《すご》い人の一語《いちご》に尽きるなぁー。」

タオ「珍しく羽地さんを誉《ほ》めますわねぇー。沖縄の歴史を歪《ゆが》めた張本人だ！なんて言ってた割《わり》には…。だいぶ変わりましたね。」

ハベル「恥ずかしながら、そうなんだなぁー。」

タオ「よくも簡単に改めたものですわねぇー。理由は何ですの？」

ハベル「彼の歴史記述なんだよね？琉球の始祖は、天孫氏でサァー、一万七千八百二年続いた！ということだけでなくて、もっと凄いのを見つけたよ。」

タオ「他にも、もっと凄いのがありますの？どんなこと？」

ハベル「尊敦が首里のお城を攻めた！ってところなんだよなァー。」

タオ「少しも凄くはないんじゃないの？だってサ、浦添按司《あんじ》の尊敦《そんとん》が、首里城にいる逆臣の利勇《りゆう》を攻めたんでしょう？」

タオ「そこが落し穴だったんだよ。普通は、読み流して見逃してしまうところなんだがね？オヤッ！と思ってサァー、確認してみたんだよ。それで、おかしいなァー！って気がついたんだなァー。」

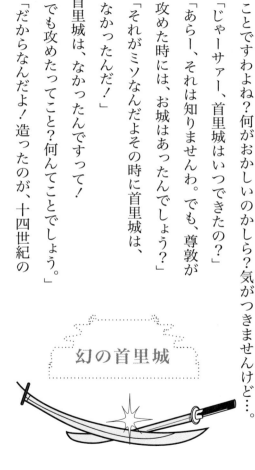

ハベル「おかしいことですって？尊敦が首里を攻めたのは、確か…千百八十七年のことですわよね？何がおかしいのかしら？気がつきませんけど…。」

タオ「じゃーサァー、首里城はいつできたの？」

ハベル「あらー、それは知りませんわ。でも、尊敦が攻めた時には、お城はあったんでしょう？」

タオ「それがミソなんだよその時に首里城は、なかったんだ！」

ハベル「首里城は、なかったんですって！でも攻めたってこと？何んてことでしょう。」

タオ「だからなんだよ！造ったのが、十四世紀の

幻の首里城

半ば頃らしいんだなァー。」
ハベル「ということは、千三百五十年頃ってこと？」
タオ「そう！ 尊敦が攻めた頃から、百六十年ぐらいか、それぐらい後の築城になるんだ。だから、おかしい！ってサァー。」
ハベル「よく気がつきましたこと！ 首里城がなかったなんて…なんてことでしょう。」
タオ「だから凄いんだ！ 羽地は。」
ハベル「そうですわね。無い首里城を攻めさせたってことは、架空《かくう》の物語ですよ！って…。」
タオ「それが羽地の深慮遠謀《しんりょえんぼう》だった！と思うんだ。唯々諾々《いいだくだく》と島津に従《したが》ってばかりではなかったんだ！何んてサァー。もしも、もしもだよ。島津の歴史家が気づいていたとしたらだよ、羽地の首は飛んでいたんじゃないかなァー。命がけだったと思うよ。」

ハベル「羽地さんのシンリョエンボウですか。いずれは、誰かが気付くと…。」

タオ「そう！羽地は、覚悟していたんじゃないの？バレたらその時は、その時だってサァー、竹林《たけばやし》に意趣返《いしゅがえ》しをしたと…。」

ハベル「羽地さんは、体を張ったと感じたのですわねぇー。流石《さすが》と言いますか、良く気がつきましたこと！」

タオ「首里城の記述には、羽地さんの強い意志を感じるんだよ。だからサァー、利勇は、尊敦の攻撃に観念して、腹を切った！というのも嘘の芝居だ。」

ハベル「妻子を刺殺した！という表現もですわ。ある意味では、当時の江戸時代の習わしでしょう？目くらましの効果があったと思いますの。」

タオ「目くらましの効果ねぇー。いい表現だ！江戸

時代には、堂々たる首里城があった訳だし。そこを尊敦が攻めても誰も疑わない。まさか！あの羽地が…と。」

ハベル　「島津のお偉方の隙《すき》を突いたのね。見事なお芝居！ってとこかしら。琉球を…あっ！そうじゃなくって…羽地は若い！まさか島津に反抗する筈がない！って、侮《あなど》ったんでしょうねぇー、竹林さんは。」

タオ　「首里城の記事が、世鑑に残ったことが何よりだったよなー。物語を入れていますよ！ってサァー、さりげなくヒントを入れている訳でしょう？ホントの琉球の歴史をサー、後々の人たちは求め続けるんですよ！ってそう言っているような気がするなァー。」

ハベル　「ほんとに、同感ですわ。」

利勇は何者か？

これまでの物語で、利勇は、「天孫氏の王を毒殺していないばかりか、逆に天孫氏と強い絆《きずな》を結んだ人物だった。」ということを知ったのは、正に、青天の霹靂《へきれき》であった。私は、『中山世鑑』の影響で、これまで四十年余りに亘って、「利勇は、天孫氏を滅ぼした憎《にっく》き沖縄の敵だ！」と思ってきた。

それを今では、恥ずかしく思っていて、悔《くや》しい！の一語に尽きる。それは、沖縄の「一流の歴史学者たち」に、「利勇は何者か？」と聞いても、誰も「判らないよ」と言うばかりで、明快に答えられなかったのである。

それを口実に「市井の者が求めても判る筈がないよなァー。」などと自分を騙《だま》して、半ば諦《あきら》めていたからである。ところが、あることをキッカケに、大きく変化したのであった。

それは、奥里将建の『沖縄に君臨した平家』という本との出合いであり、そのお陰で、「利勇は全く逆の人物である」ということを知るキッカケを得たのであった。
　ではここで、ハベルとタオは、
「利勇をどう思っているのか？」聞いてみることにしたい。楽しみである。

ハベル　「利勇さんは、あなたが抱いていたような悪い人ではなかった？ということ？」

タオ　「恥ずかしいけど、そうなんだ！これまで散々言いふらしたよ。利勇は、悪い奴で沖縄の敵だって、四十年以上もだよ！ところが今は訂正している。悔しいけどサー、世鑑のバカめ！って。」

ハベル　「何か理由がありましたの？」

タオ　「利勇さんのリユウねぇー、うん！それはあった。『玉葉』の記事を知ってからなんだよナァー。」

ハベル　「その本からヒントをですか？何かを見つけたのね？」

タオ　「そう！壇《だん》の浦《うら》で全滅した筈のよ！

あの平氏たちが、南海に去って行った！という記事だったんだよ。もうビックリ、何《な》んのって、鳥肌が立ったなァー、刺激的で、大ゲサに言うとよ！人生で初めての経験という感じだったよ。」

ハベル　「その記事って、信用できますの？」

タオ　「書いた人が、当時の太政大臣《だじょう》なんだ！藤原兼実《ふじわらかねざね》という人でね。彼が、平安時代の末《すえ》から鎌倉時代にかけて書いた日記なんだって。『玉葉』は、当時を知る上で、一級の資料なんだと。そう評価されているそうなんだよねぇー。」

ハベル　「じゃー、信用できるってことだわね？その記事の何が気になったの？」

タオ　「年《とし》のことなんだ。平氏の維盛《これもり》が、南海に去って行った！という年。それが、千百八十七年なんだ。面白い！とね。」

ハベル　「その年って、ヒョッとして、琉球王朝が樹立された年ですわよね。それと関係があるってことかしら？」

タオ　「全く、そう！大ありだったんだ。王朝ができた経緯は、前にも少しは触れたよね？でもサァー、平氏の名を伏せるってことは、一族にとっては、一大事だったんじゃないかって、〝皆の者！判ってくれるよね！〟なんサァー、このことを一族にですよ！納得させることができるのは、誰だ？って…。」

ハベル「それは、それなりの人でないと通用しませんわよね？一族の棟梁《とうりょう》とか…。」

タオ「そう！それに相応《ふさわ》しいのは…。」

二人同時に！

二人「平維盛《たいらのこれもり》！」

ハベル「ウフッ！やっぱりねぇー、私たち利勇は、平維盛だと、そこに辿《たど》り着いたのよね？」

タオ「そうだ！その瞬間に、名門平氏《へいし》の姓は、日本から消えた。大きな代償を払った訳だ。」

「千百八十七年、天孫氏と平氏は、同盟を結び琉球王朝を打ち立てた。」

というのが、この物語の大きな柱の一つであり、それを創り上げたのが天孫王の嫡男、紀大成《きたいせい》と平氏の平維盛卿《たいらのこれもりきょう》であった。

「正史」が言う「天孫王は、逆臣の利勇に毒殺された」との記述は、その王が中国で死んでいる為、創作された話にすぎない。

天孫氏の主力は、王の死後まもなく、薩摩半島に移り、その後の琉球統治の主役を平氏に委《ゆだ》ねたのである。それ故に、利勇は、天孫王を毒殺していないばかりか、空席となった王座に座っただけなのである。

利勇について歴史家は語らないので、ユタの話を聞いてみるのも一計《いっけい》だと、藁《わら》をも掴《つか》む思いで紹介してもらったのを思い出したのである。古代に詳しいという彼が言ったのは、「利勇は、親と喧嘩して奄美大島から逃げて来た男だ。それが誰なのかは知らない。」とのことであった。

やはり利勇は、闇の中かとまたアキラメざるを得なかったのである。

それがまさか今になって、全てがつながって来るとは信じられないことであった。「喧嘩して、奄美から逃げて来た人」は、『玉葉』が教えてくれたのである。その人こそが、正に、平維盛卿だったのである。

利勇の正体を判らなくしたのは、『中山世鑑』であり、そのシナリオを書いたのが島津氏であった。

「琉球王朝の成立は、天孫氏と平氏とが合作したものであった」などと、源氏を名乗る島津氏にとっては、許すことができないことであり、何としても封印しなければならなかったのである。

それ故に羽地は、

「天孫王を毒殺したのは利勇だ」と極悪人に仕立てて書かざるを得なかったのである。

しかし、彼は琉球の誇り高い男であり、乾坤一擲《けんこんいってき》の大勝負に出るのである。しかも、さりげなく、そっと！である。

崇元寺の下馬碑

　ここいらでひと休み。
「位置について、用意、ドン」ってところでしょうか。これまでの「ムンガタイ＝物語」を感想を混じえながら、ハベルとタオに語ってもらうことにしよう。

ハベル　「この作者は、どうして私たちに話を振るのかしらねぇー。肝心なところで…。」

タ　オ　「恥ずかしいんじゃないの？」

ハベル　「みんなが、判り易いようにだよー、なんて言っていそうですけどね？でも、あの為朝《ためとも》と尊敦《そんとん》の件は、判りますわよね？」

タ　オ　「そう！もうこれまで、何度も言って来たじゃない。あれは、物語から引用した話だってサー。」

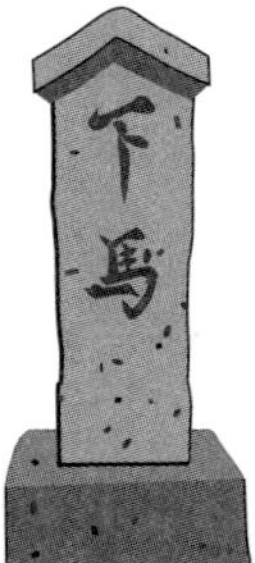

ハベル「そうでしたわね。くり返しになるけど、為朝は、沖縄に来ていませんし、子どものつくりようもありませんわ。尊敦も架空《かくう》の人物ってことよね。」

タオ「それがだよ！為朝は、運を天にまかせて運天に着いた！なんてよ！まことしやかに言っているでしょう？ワジルナー（怒るなー）」

ハベル「そうですわねぇー。誰かさんみたいに、七十年余りも、それを信じて来たんでしょう？可哀想に。それに、妻子が待っているからマチナト（牧港）だって！」

タオ「だからよ〜。こんな物語がホントみたいに大手を振って歩いているんだから…恐いよなー。沖縄のホントの姿が益々、見えなくなると思うんだ。」

ハベル「でも、私たちは、これまで、そのように信じて来ましたもの。今さら物語でしたって言っても、他の人たちは信じるかしら…そんな馬鹿なーで済《す》ませるんじゃないでしょうかね。」

タオ「この話、半分は嘘かも！と思っている人が多いとは思うんだがね？だから、自信を持って伝えられない。確信できないんだ。我々、大人が悪いんじゃないか？って今は、反省しきりなんだよなァー。」

ハベル　「私たち大人の努力が足りないですかァ…それって、ホントは自分を知ることなんですけれどねぇー…。話は変わるけど…舜天《しゅんてん》も物語なのかしら？」

タ　オ　「それなんだよー。舜天は、最初の王様でしょう？調べてみたんだ。それが記録があったんだよなぁー。」

ハベル　「どこにあったの？聞いたことがありませんわ。」

タ　オ　「それがサァー、驚くなよ！崇元寺《そうげんじ》の下馬碑《げばひ》に刻まれていたんだよなァー、恥ずかしいけど、最近、知ったんだ。」

ハベル　「ゲバヒですって？何ですのそれ？」

タ　オ　「それが面白いんだよなァー、なんて書いてあるかと言うとよ！
〈あんしもけすも　くまにて　むまから　おれるへし〉だってサァー。」

ハベル　「全く、チンプンカンプンよ、説明して！」

タオ 「まずよ！〈あんしもけすも〉は、按司《あんじ》も下司《げし》もで、王族も上級士族もってこと。」

ハベル 「そうですの？安心を消すことかしらって思ってましたのに…。」

タオ 「面白いよねぇー、次の〈くまにてむまから〉は、くまは、ここのことで、ウチナーグチ、むまからは、馬からの意味で、本当は、〈んま〉と書くんだけど、今の表記ではね？〈むま〉って書いたところが、当時を偲ばせるよなァー、独特だよー。」

ハベル 「ウチナーグチと日本語とが交わっていて何か不思議な感じだわ。」

タオ 「そうでしょう？あの時代の沖縄人《うちなーんちゅ》たちの姿が少しは浮かんで来るよね？最後の〈おれるへし〉は、どう感じる？」

ハベル 「おれるは、折れるでしょう？腰が折れるかしら？」

タオ 「〈おれる〉は、降りるのことなんだよなァ。だから馬から降りて頭を下げるべしに。」

ハベル「わおーですわ。素敵ですねぇー。」

タオ「そう思うでしょう?昔の沖縄に会ったみたいでサァー、その言葉使い、相当《そうとう》苦心したんじゃないかなァー、中国の冊封使《さっぷうし》もここに来たというしサァー、ヤマトに対しても配慮されているよね。」

ハベル「ウチナー、ヤマトゥグチですかァー、クマにてなんて!その下馬碑《げばひ》の文句、まとめたら、どうなるのかしら?教えてよ!」

タオ「そうねぇー、〝王族も上級士族も、ここ崇元寺《そうげんじ》に来たら、馬から降りて、頭を下げるべし〟になるんだよねぇー。」

ハベル「なんとまァーですわ。愉快な下馬碑ですこと。崇元寺は、よっぽど格式が髙かった!ということですわねぇー。」

タオ「調べたらそうだった。今まで、深くは知らなかったなァー。舜天から最後の王、尚泰《しょうたい》まで、歴代の王様を祀るところだったんだそうだ。うかつだったよ。こんなに大切な所だったなんてサァー。」

ハベル「だからなのね？崇元寺に来たら、敬意を表して、馬から降りよ！って！。そう言うのは。ところで崇元寺は、いつ頃できたのかしらねぇー。」

タオ「尚清王《しょうせい》の時らしいよ！だから、千五百二十七年だと言われているよね。」

ハベル「そうなの？世鑑《せいかん》は、千六百五十年にできているから、ということは…それ以前に下馬碑《げばひ》はあった！ってことですわよね？」

タオ「そういうことになるが、どうして？」

ハベル「だって、尊敦《そんとん》に舜天《しゅんてん》を名乗らせるにですよ！下馬碑は、お誂《あつら》え向きだった…うってつけのものだったってこと。」

タオ「なるほどなァー、あの竹林《たけばやし》さんが言ったようにだ！王の名は舜天だ！になるって訳かァー。」

ハベル「羽地さん、凄いことなさいましたのね。尊敦《そんとん》に舜天王の名を僭称《せんしょう》させたんですものねぇー。」

タオ「先勝？先に勝たせたってことなァー？」

ハベル「鶴《つる》ですか？鷺《さぎ》ですか？ですよ！」

タオ「どういうことよ。」

ハベル「名乗るべきでない者に、王様を名乗らせたことです。サギでしょう？」

タオ「なァーんだ、そういうことかァー、でもピッタリの言葉だよ！センショウなんてサァー。」

ハベル「羽地さんは、指示通りに尊敦《そんとん》を舜天《しゅんてん》王にした。為朝《ためとも》の子の尊敦が、琉球の始祖になったのネ！シナリオ通りに…一応《いちおう》は…。」

タオ「島津のあの歴史学者の竹林《たけばやし》さん、彼の思《おも》惑《わく》通《どお》りの琉球歴史になった。ということでしょうかねぇー。」

ハベル「確かに、今まではね？でも、これからは、違いますわよ！」

これまで、二人が語って来たように、今さら言うまでもないことなのだが、為朝《ためとも》と尊敦《そんとん》は、『保元《ほげん》物語』の延長線にある人物であり、彼らに関する記述は、全て架空《かくう》の物語だと言うことである。

がしかし、私たち沖縄人《うちなーんちゅ》は、『中山世鑑《ちゅうざんせいかん》』の「お陰」で、これが本当のことだと信じて疑わなかったのである。その結果、世鑑から、三百七十年余りも経った今では、為朝親子の伝説に対して、殆《ほとん》どの人が疑問に思わなくなってしまった。

これには幾度となく、石碑などに「為朝上陸の地」とかを刻んだり、滝沢馬琴《たきざわばきん》のように、『椿説弓張月《ちんせつゆみはりづき》』の物語で伝えたりなどして、既成事実を積み上げて来た結果に他ならないのである。

嘘の歴史であっても、言い続け、伝え続けていると、「本当のことのようになる」ということを、まざまざと見せつけられていて、いわば、立派な「珍説《ちんせつ》」の見本になっているのである。何がホントの沖縄の歴史なのか？これからも、追い求めねばならない。

舜天は　何者か？

これは琉球歴史上、最大の謎を秘めたテーマであり、歴史好きな人には、たまらない関心事であると共に、心をゆさぶりロマンをかき立てずにはおかないテーマである。何故か？実は、この問題に対して、今になっても誰も正解は出しておらず、「唯《ただ》、仮説があるだけ！」の状態だからなのである。

それ故に、我が物語も利勇と舜天とを積極果敢に追い求めて来たのであり、舞台は、いよいよクライマックスに突入する。

「思えば遠くへ来たもんだ！」で長旅のひとつである舜天に、ようやく辿《たど》り着くことができたのである。

嬉しいことに、最近は、「舜天は、実在の王か？それとも架空の王様なのか？」という話題をたまに耳にするようになったのであるが、これは、沖縄の歴史に興味関心を持つ人が、増えて来たことの表れであり、大変に喜ばしいことである。

「歴史を忘れた民は、滅びます」というのが、漢字の神様、白川静《しずか》の指摘である。

沖縄の歴史に興味を持つ人が増え始めたのは、ウチナーンチュとして自己を確立する予兆《よちょう》ではないか?と思うのである。

ところで、舜天について、これまで引用して来た本に共通するのは、「舜天は、琉球王朝最初の王」という記述であり、このことは、ほぼ「歴史的事実」と思って良いのである。がしかし、それ以前の沖縄には、王は存在しなかったのか?ということであるが、七世紀前半の『隋書流求伝』の記事から推《お》し量《はか》って、「流求」には、小国家の王がいたことが類推できることを忘れてはいけないのである。

では、舜天について、先人の仮説はどうか?先ずは、

わが正史『中山世鑑《ちゅうざんせいかん》』である。

「為朝公《ためともこう》は、ある女性と通じて一人の男子をもうけた。尊敦《そんとん》という。(彼は、天孫氏の王を殺害した逆臣を)義兵を起こして討ち、代わって中山王になった。…これが崇元廟《そうげんびょう》に祀《まつ》られている舜天王である。舜天王は、在位、五十一年にして薨《こう》じた。」

〜『訳注　中山世鑑』十七頁より〜

これに対して、二人は批評する。

タオ　「世鑑の為朝《ためとも》と尊敦《そんとん》は、『保元《ほげん》物語』から飛び出して来た架空《かくう》の人物だから、舜天は有り得ない！とすぐ結論が出るよね。」

ハベル　「それにはもう何度も触れていますでしょう？皆、聞き飽《あ》きていると思いますの。それでも私、もうひとつ羽地さんの凄いところを見つけましたのよ！」

タオ　「ほぉーどういう所を？」

ハベル　「この記事の中の薨《こう》じた、という漢字なのよ。どう読むのか知らなかったの。『字通』でみつけましたのよねぇー。何だと思います？その読み方や意味ですわ。」

タオ　「漢字から何かを見つけるってサァー、名護親方のいろは歌みたいじゃないか。ウチナーグチが判らなくても、漢字でその意味が解るって…で、何て読むの？」

ハベル　「そうなのよォー、それを応用したの。こ(・)う(・)じ(・)る(・)って読むんだって！偉い人が死んだ時に使う言葉ですって。」

タオ　「どんな偉い人の時に使うの？漢字にそんな区別があるって…はじめてだよ

なァー。」

ハベル　「それがですよ！天皇の子どもや、元皇族《もとこうぞく》ですとか、三位《さんみ》以上の人が死んだ時に、薨去《こうきょ》って使うらしいの。」

タオ　「サンミ以上？サンミンする人？計算する人なぁ〜？」

ハベル　「ウチナーグチではありませんの！サンミは、貴族でも卿《きょう》という位《くらい》の人を言うんですって！」

タオ　「そう？じゃー、玉葉《ぎょくよう》で書いているあの人、維盛卿《これもりきょう》は、それ！サンミンに当るんだ…。」

ハベル　「サンミンじゃなくって…サンミなのよ！ですのでね？維盛卿には、その資格があるってことなの！」

タオ　「どんな資格かよ〜よく判らないよなァー。」

ハベル　「あらまァー、勘が鈍ったの？尊敦は、天皇の子でも、三位《さんみ》以上の貴族でもないでしょう？」

タオ「だから、何なのサァー。」

ハベル「まァー、何てことでしょう。舜天を名乗っていても尊敦は、薨去《こうきょ》は使えませんでしょう。せいぜい、死去か逝去がお似合いですわ。ここでも尊敦は、嘘の人ということがバレていますのよ。」

タオ「薨去の文字から、尊敦の正体を知る！　ですかァー。羽地さんはよ！　この文字をサァー、ホントに意図的に使ったのかなァー。」

ハベル「私が薨じるの漢字が読めなかったのは、漢字の神様のお導きだと思いますのよ。やはり、私が読めなかったのは意味があるってことですわ。ですのでね、羽地さんは、この文字の意味を知っていたんだと、そう思いますの。」

タオ「強烈だよなァー。これも竹林への仕返しなのかァ！」

つづいて、**『岩屋天狗《いわやてんぐ》・千年王国』**の舜天である。

紀恒成《きこうせい》が「京から琉球に奉遷《ほうせん》していた尊恵《そんえ》親王(二条天皇皇子《おうじ》)が、国人に擁立されて、王位につき舜天を称したが、従来史は、尊恵親王を源為朝《みなもとためとも》の子尊敦を…舜天王統系として偽史《ぎし》した。」その他に、「尊恵親王は、二条天皇と源光成《みなもとこうせい》の娘との間に生まれたばかりであった。」と記している。

～同書上巻二百三十一頁～二百三十二頁～

この記録は、鹿児島伊集院の妙円寺に秘匿《ひとく》されていた易断《えきだん》資料によるものとされているが、作者の窪田志一《くぼたしいち》の発想によるものであり、現在は、この資料がどこにあるのか不明とされている。

天孫氏の琉球最後の王、紀恒成や二条天皇と源光成の娘など、いかにも事実であるように思われるのだが…。

また、あの二人に調べてもらうことにした。

ハベル「舜天は、二条天皇の皇子、尊恵《そんえ》親王である。と言っているのは本当のことかしら…いかにもホントウのように思えますけど…。」

タオ「それでサァー、これは大変な発見になるかも…と思ってよ！ウィキペディアで調べてみたんだがね？それが…少し食い違いがあるんだよなァー。」

ハベル「まさか！食い違いがあるようには思えませんの。あの記事はね？だって、薨《こう》じた言葉に合う人物でしょう？天皇の皇子《おうじ》なんですもの、尊恵親王は。」

タオ「確かに、それはそうなんだけどサァー、二条天皇と源光成の娘との間に生まれた男子！ということまでは一緒で、当っているんだけど…ところがなんだ。」

ハベル「ところがって…何か違うところでも？」

タオ「生年月日と、死んだ年が全く違うんだよねぇー。信じられない位なんだ。」

ハベル「どう違いますの？」

タオ「千年王国が記述している尊恵親王は、千百六十一年に生まれて、千二百三十一年の七十一歳で死んだことになっている。ところがですよ！ウィキペディアでは、親王は、千百六十四年に生まれ、千百九十二年に二十九歳で薨去。となっているんだよなァー。おかしいでしょう？あまりにも違い過ぎるんだよ。」

ハベル「尊恵さんは、千年王国では、七十一歳まで生き、ウィキでは、二十九歳で死んだと…。どちらを信じればいいのかしらねぇー。」

タオ「もちろん！ウィキだよ。天皇の記録は、正確だから…古代のことではないしね？千年王国は、胡散臭《うさんくさ》いところがあって、どうも我田引水しているんじゃないかって…。」

ハベル「どういうことですの？」

タオ「だってサァー、尊恵親王は、島津系の舜天王統だって言っているでしょう？作者の窪田さんは、鹿児島県のご出身なんだよねぇー。創作したんではないか？って…。」

ハベル「島津も源氏だから？故郷贔屓《ふるさとびいき》で、我田引水したと？」

タオ「何となくなんだがね？尊恵親王の年齢を舜天に合わせた！とそんな気がしている。」

尊恵親王と舜天との年齢の落差、このような食い違いは、何故、生じたのか？今後、誰かが調査して、明らかにしてくれるのを願うばかりである。

つづいて

『沖縄に君臨した平家』では、

琉球王朝の「王位継承に…安徳天王即舜天王説のきわめて有力な根拠になることがあるけれども…必ずしも安徳天皇即《そく》舜天王ではなく、平家一行中《いっこうちゅう》の何人《なんぴと》であってもよいのであって、強いてこれに固執《こしつ》しなくてもよい。とにかく、平家一行《いっこう》の何人《なんぴと》かが舜天王となって君臨し、沖縄に初めて中世的国家が誕生した。」

～同書二十六頁～二十七頁より～

この記事は、明治二十一年に沖縄県の宜野湾村（当時）に生まれた奥里将建《おくざとしょうけん》の手になるものであり、良く調査していて、琉大名誉教授の故仲宗根政善氏が高く評価しているのだが…。タオとハベルはどう評価しているのか？話してもらうことにした。

ハベル　「奥里さん、大胆不敵な主張ですわよね。舜天は、安徳天皇か？あるいは沖縄に南下して来た平家集団の誰かであるって指摘…。」

タ　オ　「それこそ、青天《せいてん》の霹靂《へきれき》と言って良いんじゃない？誰も考えないしサァー。安徳天皇が舜天だなんて！常識をはるかに超えているよ！」

ハベル　「でも天皇説の根拠はあるって！自信たっぷりですわ。よく調査をしているんでしょうね？きっと。」

タ　オ　「ご本人も別の本で、詳しく発表しているようだけど、これとは別に、あの言葉！薨《こう》じるでは、どうなるの？」

ハベル「そうなのよねぇー。天皇の場合には、崩御《ほうぎょ》と言うんですの。なので、安徳天皇の場合には…。」

タオ「そうなら、ペケってこと？」

ハベル「そう…薨去《こうきょ》ではねぇー。釣り合いがとれませんもの。」

タオ「羽地さん！やはり凄いなァー。言葉のひとつでサァー、不適格な人を色分けするんでしょう？見事すぎるよ！ホント！ハベルのケガの功名だよなぁー。」

ハベル「ところがです。奥里さん！ちゃんとフォローしていますわ。舜天が、安徳天皇でなければ、平家の誰かですって！しかも三位《さんみ》以上の人って言いますのよ！」

タオ「あー、さっきのサンミですね？それは…貴族で卿《きょう》のつく人と言うと…。」

ハベル「そう！もう、わかりますわよね？藤原さんの玉葉《ぎょくよう》ですわ。」

タオ「あっ！そう、それ！南海に下った…維盛卿《これもりきょう》だ。そうだよね？」

ハベル　「そうなのよ！
彼は、三位《さんみ》以上の人物なの。彼なら、薨《こう》じたに相応しい人物になりますもの。」

タオ　「しかし…その薨じた！ということだけでよ！維盛って決めつけていいのか
なァー、何かが足りない気がしているんだけど…。」

これまでの仮説をまとめると、舜天王は、『中山世鑑』では、為朝《ためとも》の子、尊敦《そんとん》であり、
『岩屋天狗　千年王国』では、
　二条天皇の皇子《おうじ》、尊恵《そんえ》親王だと、
『沖縄に君臨した平家』では、
　　安徳天王か平家の誰か、
　　　という風にである。
三者三様で、実に見事！の一語に尽きるのだが、わが物語では、どう結末をつけるか？
タオとハベルにまかせてみることにする。

ハベル「私たちに〝まかす〟と言われてもねぇー、テーマが大き過ぎて…。」

タオ「やってやれないことは、ないんじゃないの？」

ハベル「ワクワクはしますけど…。

何か、ヒントはありますの？」

タオ「方法はあるさぁー。」

ハベル「どんなことかしら、これまで舜天と言われているのは…尊敦《そんとん》に尊恵《そんえ》親王でしょ？それに安徳天皇と平家の誰か…よね？」

タオ「ひとりずつ消して行けば、いいと思うんだ。尊恵親王と平家の誰か？が有力だと思っているんだが…。」

ハベル「でもあなたは、尊恵親王は胡散臭《うさんくさ》いって言ってたじゃないの？」

タオ「少しの可能性は残しておきたい！ってことですよ！」

ハベル「でも、ターゲットは、もう決めてあるんでしょう？」

タオ「本命は、利勇なんだ！」

ハベル「利勇が本命?ズレていません?」

タオ「そう思うけどサァー、実は、物語が始まってから、ズッとなんだ。羽地さんから、利勇にした理由は知っているよね?って言われている気がして…。」

ハベル「変な人ですこと!奇妙な感覚ですわね?でも、確かに…羽地さん!竹林さんに聞いてましたよね?」

タオ「そう!天孫氏の王をサァー、誰に殺害させるか?ってことだよね?」

ハベル「そしたら竹林さん、理由はない!って…覚えています?」

タオ「もちろん!覚えているサァー、羽地が、意味ありげに笑ったのもね。」

ハベル「そこまで印象に残っているのは、その姿に、何かを感じたのね?」

タオ「そう、利勇の名前に思いを込めたよ!その理由は、判るよね?って…。」

ハベル「利勇の名前がヒントになったってこと?まあー、そんなことで…信じられませんわ。」

タ　オ「いつもの癖って奴でサァー、思い浮んだのよ。羽地さんは、我々を茶化しているんだろうなァーとサァー、〝利勇の名前には、理由があるぞよ〟なんてね？まァー、何となくなんだが…。」

ハベル「茶化しているって…羽地さんは当時、三十歳前後でしょう？そんな余裕が、あったのかしらねぇー。」

タ　オ「茶化さないとサァー、持たなかったんじゃないかなぁー。」

ハベル「竹林さんに押えつけられていたから？気が滅入《めい》る時もあった…そんな風に？」

タ　オ「内心ではだよ！もうどうにでもなれ！なんてよ、心が崩れない方法を見つけていたと思うよ。」

ハベル「そんな風に彼の気持を案ずるなんて…変わり身が早いですわね？あんなに、ボロクソに言ってましたでしょう？シマズの言いなりになる奴！だって…。」

タ　オ「笑ったらいいんだよ！僕を、変わり身の早い奴だってサァー。でもね？彼は、琉球を代表する男でしょう？やはり、誇りがあったんだなァーって…
そう思ったんだよ。」

ハベル　「そう？どこでそう感じましたの？」

タオ　「彼の首里城の記事だよ。ある意味では、シマズへの裏切りでしょう？」

ハベル　「尊敦に、幻の首里城を攻めさせたって、あれですわね？首里城はなかったのに…、それで見直した！と…あっそう！利勇をリユウのお名前にした理由は、何でありますの？」

タオ　「おちょくっているように聞こえるけど…。」

ハベル　「あーらゴメンナサイませ！からかっていますの。そうでもしませんと、おかしくって、ついて行けませんもの。」

タオ　「その理由はね？竹林を見習ったんだよ、きっと！真似たのよ。」

ハベル　「何を真似ましたの？」

タオ「物語にしたのをマネたのサァー。竹林は、尊敦を琉球の始祖王にさせたでしょう?」

ハベル「それが、どうかしましたの?」

タオ「言葉尻だよ、言葉ジリ! 竹林の。」

ハベル「言葉尻? 竹林さんの〝理由はない!〟というそれ? それを使って利勇にした?」

タオ「そうよ! 竹林に、どうして利勇にしたかってサァー、聞かれてもよ! 竹林さんの言った通りにしました! で通るじゃない。」

ハベル「そう言うことですの? 竹林さんの言葉尻を使ったと…。」

タオ「そう思ったんだよなァー。羽地の笑いは、しめた! この言葉は、使えるぜ、なんて、彼はそう思ったと感じたんだ、あの笑いは。」

ハベル「じゃーですよ! 羽地さんは、利勇を便宜的に、仮の名前にしたってことですの?」

タオ「そう考えた方が、筋が通ったでしょう？だってサァー、我々は前に、利勇の正体を突き止めたじゃないですか！」

ハベル「ああそうでしたわね！
利勇は、平維盛《たいらのこれもり》だ！って、ピッタリ呼吸が合いましたものね。」

タオ「そう！利勇は、天孫氏の王を殺してはいない。王は、故《ゆえ》あって中国で死んだ。
それで空いた王の玉座に座っただけ！だったでしょう？まだ気がつかないの？
重大なことなんだがねぇー。」

ハベル「重大なことって…まさか…まさか舜天？」

タオ「そう！利勇は維盛で、彼は舜天だった。
羽地さんは、利勇を隠れ蓑に使ったんだ。」

ハベル「まあー何てことでしょう。
こんなことって…ホントに維盛が舜天と…。」

タオ「そう！感動するよなァー。」

我々は、ついに辿り着いたんだよ。」

ハベル　「本命は、利勇だと、諦《あきら》めないで、考え続けて来た結果ですものねぇー。よく辿り着きましたこと。立派です。まだ誰もこの結論は出していませんもの。」

タ　オ　「維盛は、平氏でしょう？だからと思うんだよ。竹林は、舜天を為朝《ためとも》の子にしたのはね？島津は、源氏でしょう？琉球の始祖も源氏でなければならない！とね？羽地に押しつけたんだ。そして、平氏を抹殺した！そういうことだよね。」

ハベル　「それで、利勇は、どこの誰だか判らないようにしたわ。彼を極悪非道の主君殺しに仕立てたんでしょう。僕は、主君を殺していないぞ！って…。」

タ　オ　「そういうことだ！それでもまだ、おちょくりますか？」

ハベル　「意地悪ねぇー、もう堪忍《かんにん》してよォー！よく判りましたから。ホント！これで、羽地さんも救われましたわ。」

タ　オ　「大袈裟《おおげさ》だけどサー、羽地の命を賭けたパフォーマンスというか、首里のお城の記述はサー、竹林に一矢《いっし》を報いたんだと思うんだ。
バレたら、その時は、その時だって！」
「薨《こう》じた！もそうですわね？
舜天が誰か？利勇を通して、平氏ですよって、それが判るようにしたのね。
琉球王朝の最初の姿を暗示していた！と。そういうことですわね。」

ハベル

『中山世鑑』には、
この物語で触れた仮説以外にも、羽地朝秀が後世に送っている「謎かけ」がもっとあるに違いないのだが、文献が少ない現状では、「これが正しいのだ！」とする研究などは、望むべくもなく、百年河清を待つようなものであろう。
今は、在野で、「永遠を求める心ある人々」が勇気ある意見を堂々と言う時である。
只々《ただただ》、沖縄の正史である『中山世鑑』に、熱い視線を送り、その真偽《しんぎ》を求める人たちの出現が待たれているのである。

『中山世鑑《せいかん》』を撃《う》て！
仮説物語の終りに当って

琉球・沖縄の正史である『中山世鑑』が世に出てから、やがて四百年になる。この間、様々な物語が口から口へ伝えられて来たのであるが、もうそろそろ、その物語の真偽《しんぎ》について、まともに議論することがあっても良いと思う。

それは、正史が物語って来たことが、目には見えない沖縄の人たちの心の中心骨格を作って来たのではないかと感じているからである。特に、為朝《ためとも》に関する記述は、悲劇的であり、真実だと信じている人があまりにも多い。それが、『保元物語』を写したものであることを知っている人は、殆《ほとん》どいないのである。

更にまた、世鑑の記述で長い間、気になっていたのが、「天孫氏《てんそんし》を滅ぼした利勇」のことであった。

彼は、琉球史の中でも重要人物の一人でありながらも、未だに、その出自は、不明とされているのである。

それなら利勇の正体を明らかにしてやろうと、私に決意させ、トリガーを引かせたのが、諸見友重《もろみともしげ》氏の為朝《ためとも》に関する記事と奥里将建が紹介した藤原兼実《ふじわらかねざね》の『玉葉《ぎょくよう》』の記述であった。『玉葉』の記述には、壇の浦で全滅した平家の「平維盛らが南海を指して去って行った」とあり、その世界に引き込まれたのである。

様々な記録や地名、組踊などをつなぎ合わせて導いた結論は、「平維盛《たいらのこれもり》こそが利勇《りゆう》であり、琉球王朝最初の舜天《しゅんてん》王である。」であった。

【琉球史に残る、琉球王家の始祖】
舜天王 1166 年～ 1237 年
（在位 1187 年～ 1237 年）

それは、望外の喜びであり、また、この仮説物語に有終の美を飾らせてくれた。王となった維盛は、祖父の平清盛《たいらのきよもり》が開発し、その夢であった日宋貿易を更に発展させて、天孫氏と共に南海貿易を担ったのであった。

この王朝は、琉球の島の隅々《すみずみ》まで、お互いを認め、尊重し合う夢のような社会を実現し、その世界を東支那海の周辺に広げて行ったのである。その行動は、やがてアジアの人々から、「大琉球・レキオス」として敬意を表される国に成長するのである。

王朝樹立の精神は、

「仲良くしなければ海は渡れない。」であり、「戦《いく》さはしない。」であった。

ところがである。

「琉球王国が成立した原因を知り、そこから力を得て、活力をもらうような歴史書は、今のところ殆《ほとん》どない！」のである。

何故なのか？

それは、千六百九年の島津の琉球占領により、重要な歴史記録が、洗いざらい持ち去られ、あるいは焼かれたからである。

それ故に、今になってもなお琉球王朝成立の真の姿を知ることができないのは、悲劇でさえあるが、諦《あきら》める訳にはいかないのである。

なので、世界各地に残っている琉球・沖縄に関する様々な記録を見つけ、地名や直観などを総動員しよう。そして、王朝樹立の真の姿に迫る為に、点と点とをつないで、それぞれの仮説をつくり、それを寄せ合うのだ。それこそが「在野堂々」の精神であり、真実に迫る方法でもあろうし、また、それ以外に方法は残されていないのである。

それが今！残念なことではあるが、琉球・沖縄が置かれている姿なのである。

これまで〝様々なことをタックヮーシテ〟物語を綴《つづ》って来たのであるが、ここで、話を進めてくれたあの二人に語ってもらい、この仮説物語を閉じることにしたい。

ハベル　「まあー、これでおしまいですの？何だか物足りなくって、もっと続けられないのかしら…。名残惜《なごりお》しく思いますのよね。タオはどうかしら…。」

タオ　「そうねぇー、良く続けられたもんだというのが実感だよー。物語は、大変な冒険をしたんじゃないの？あの勢理客の地名から、何が始まるのかと思っていたんだよ。それがさー、世鑑を撃つ入口だったとは…。驚いたよなァー。

ハベル　「そうそう！それにタイトルが中山世鑑を撃て！でしょう？刺激が強すぎて、どうなるのかしらってハラハラでしたの。」

タオ　「面白い仮説がギッシリって感じでサー、とても思いつかないような話が多かったよね。やはり人間、七十歳を過ぎてくると何かが見えて来るんじゃないの？これまでバラバラだったものが一点にまとまってさー、繋《つな》がって行くんだなーって、こんな感じがしたよ。その典型が宇治真ケ原でしょう？十年余りも執念深く考えていたなんてさー、信じられないよ。」

ハベル　「そうでしたわね。それにもっと強烈でしたのは、あの利勇さんですわ。よくも、四十年余りも考え続けられましたねぇーって、何がそうさせたのかしら、不思議なの。」

タオ　「それはやはり…沖縄じゃないの？
自分の沖縄がさー、どうして今もですよ、日本の中央から粗末に扱われるのかって、よっぽど沖縄に拘《こだわ》っていないとねぇー。」

ハベル　「ふるさとに対する原体験があったのかしら。夢多き青春時代にですわ。どうして、劣等民族と言うのかって…、きっと、そんなことがあったのでしょうよ。だから、その理由を知らないうちは、死ねない！なんてですわ。」

タオ　「おい！オイ！凄いことを言うじゃない！人生のまとめみたいにさー、でもサー…あの時代の人たちは、多かれ少なかれ、この島々をどうにかしたい、貢献したいという強い気持があったと思うんだよ。」

ハベル　「だから諦《あきら》めないで思い続けるですか。わたし、この物語をリードしながら、そういう人たちが沢山いたんだってことに気が付きましたの。
諸見さんとか奥里さんとかも、情熱の火を注いだ方々ですものね？」

タオ　「そうだなー、特に諸見さんは、『中山世鑑』には、『保元物語』が使われているよ！　なんてさー、ショックだったよなー。」

ハベル　「私もそれが、目を開くキッカケになりましたもの。まさか、『保元物語』をそのまま世鑑に写しているなんて、信じられませんでしたの。これまで誰も、堂々と言わなかったことをですわ。諸見さんは、教えてくれましたものね。」

タオ　「ほんとにそうだ！　今までの常識が百八十度引っくり返ったなァー。それを気づかせてくれた功績は大きいよなー。」

ハベル　「為朝《ためとも》は、物語から引用された人物ですよって、どうして話題にならないのかしら。」

タオ　「そう言うとサー、あの奥里さんの本、出版されたのが六十年前で、少し古いけどよ、黙殺されている気がするんだよ。確かにさー、平家が沖縄に君臨したなんて話、信じられないと思うけどよ、重大なことが一杯あるよ。もっと、これも話題になっていい！」

ハベル　「歴史を研究している人は、〝正史〟以外は、歴史じゃない！ということじゃないかしら。このような邪魔な異説は、切って捨てるに限る！なんてですわ。それを認めると、自分が学んで来た正史を否定することになりますもの。」

タオ　「文献にないことを主張するとさー、学界から無視されるんじゃないの？それは、文献にない！なんてね。」

ハベル　「自分の『学説』も大切でしょうけど、歴史学は、一般庶民に沖縄の生い立ちを伝えて、勇気と希望を与える役割がある！と、そう思いますのよ。」

タオ　「そういう意味では、奥里さんら、お二人には助けられたよなー。彼らが主張したお陰でよ、〝闇の中に一条の光を見た〟という感じでサー、刮目《かつもく》したなー。」

ハベル　「お二人さんは、今も刺激を与え続けていますわ。それともう一人の羽地さん。触れないといけないんじゃありませんの。」

タオ　「それを言われると恥ずかしいよなー。確かに表面だけだとサー、彼は、島津の言いなりになった男に見えるかも知れないよ。僕がそうであったようにだ。

でもよ！ 彼が書いたものを深く読み込んでみるとさー、様々なことを思いながら葛藤《かっとう》していたことが判るんだよ。ある部分には、島津を裏切っているところもあるんだしねぇー。それがメッセージになっていて、ふるさとの歴史をしっかり学ぶのですよってさー。彼の思いを知ると、やはり凄い男だ！と思うんだよなァー。」

ハベル
「この物語の魅力と言うのかしら、今まで聞いたこともない羽地さんの心の底の思いまで触れていますでしょう？何か未知の世界と言うのかしら、夢のような所に誘われている気がしましたの。それでね？私なんだか、その時ふと、あぁー、沖縄に生まれて良かったと思いましたのよね。たとえ偏見《へんけん》の目で見られ、辛い仕打ちをされたとしてもですわ。羽地さんのこころを思いますとね。」

タオ
「羽地さんねー、あの竹林や島津のお殿様とのやり取りも凄い迫力があってサー、まるで本当にあったような臨場感があったよなー。

琉球に対する島津の対応がサー、そのまま今の日本政府の姿とダブッて見えたよ。」

ハベル「沖縄をどう扱うか？あの時、決まったのですわ。」

タオ「あの時って、島津が琉球を占領した千六百九年のことだよね？」

ハベル「そうなの。どのように効果的にこの島々を支配するか？そのモデルが、あの時にできたと思いますの。」

タオ「あの羽地と島津とのやりとりは、羽田から沖縄に向っている機内で、わずか一時間くらいで一気に書いたものらしい。」

ハベル「それで時空を超えたのね？空の上で時代の空気をつかんだのですわ。楽しいわねぇー、夢があって！」

タオ「羽地さんは、辛い対応を迫られて、島津の意に沿いながらもだよ、心の内では抵抗していたんだよ。そのサインが、首里のお城の記事だった。お城がないのに尊敦は攻めたって、それで利勇を討ち取ったことにしている。すごいのひとことに尽きる。島津の目をかいくぐっているんだ。」

ハベル「そうでしたわね。

私も薨《こう》じたにはビックリしましたもの。漢字一字で、真の姿と言いますか、

身分が判るようにしている、流石《さすが》でしたわ。」

タオ「その姿に学んで、ハベルは、辛いことにも耐えて時節を待とうと…もっと反

発してさー、攻撃的になっても良いんじゃないの？」

ハベル「攻撃的にですか？

でも私は思いますのよ。沖縄は、考えるチャンスを与えられているって、ラッ

キーなところだって！

一生考えても解決できないテーマが、島々にはありますもの。考え続けるテー

マがですよ。人生に与えられているって何とも言えないくらい素敵なの。私

にとってはですけどね。静かに考えたいの、忘れない為にですわ！」

タオ「確かにさー、沖縄のテーマは大きくて深いよね。それで沖縄問題と言うと

よ、何か特別扱いする人がいるけどさー、それって何も沖縄に限ったことではないと思うんだよ。」

ハベル　「どういうことなの？」

タオ　「皆んな、それぞれの所に、沖縄問題のようなものがあると僕は思っている。自分の地域がどんな歴史を辿《たど》って、どういう風な社会を目指してだよ！ご先祖様たちは生きて来たかってことでしょう？だからよ！他人ごとじゃないんだよね。」

ハベル　「自分ごとってことですわね。あなたが言うように、考え続けることが大切だってこと。私も全く、同感ですの。」

タオ　「沖縄が辿って来た歴史は、他の地域とは違うかも知れないけどさー、それって、重いとか軽いとか多少の違いだと思うんだ。つながりを求めて、心を結び合うことなんだとさー。

人として、どう生き抜くか？それが大切だと思っているよ。」

ハベル「歴史の旅は、違いではなく、共感を求め感じ合うことだったのですわね。」

タオ「歴史を忘れた民族は滅びます。
と言っているのが、漢字の大家の白川静《しずか》なんだが、沖縄の歴史も忘れられて行くんじゃないかなーってよ！心配しているんだけどサー、どう思う？」

ハベル「そうですわね。沖縄の島言葉《しまくとぅば》がそうでしょう？語れる人も少なくなりましたもの。そうならないようにですわ！
〝在野堂々〟と自分なりの歴史を語る、小さな集りを作るっていうのはどうかしら？」

タオ「そのような機運を作る人でありたいと思うよ。まだまだ、秘められたことが、島々と世鑑には沢山残っている気がしている。」

ハベル「私たち、
この仮説的物語の進行役をもらいましたでしょう？私！とっても楽しかっ

たの。これまで知らなかったことを、いっぱい知ることができましたもの。この島々が何んて素晴しいところであったかってこともですわ。希望が一ぱい！」

タオ　「そうだよなー、いろいろな気づきがあったよ。でもよ、僕は、まだまだと思うんだ。世鑑の真言《しんごん》を掘り起こす営みは、緒《しょ》に就いたばかりでしょう？誇り高き琉球の男！羽地は、もっと重大な暗号を書き込んでいると思うんだよなー。」

ハベル　「羽地さんは、冒頭で言ってましたでしょう？心に永遠を思う者が、この世鑑を改訂することを、慎んで願うものであるって、それこそあなたが指摘しているようにですわ。意味深な言葉ですもの。」

タオ　「意に反して、真実でないことを書いてあるから、気がついて下さいよ！

と言っているんじゃないかなァー」

ハベル「そうですわね。きっと。
本当の沖縄の歴史を求めて行くこと。
それって、自分自身を知ることに繋がっていますものねぇー。」

あとがき

「ふるさとの歴史を知ることは
　　　　自分自身を知ることである。」

　人生は、白川静のこの言葉通りであるのだが、いかんせん、『中山世鑑』は、今も人々を洗脳し、迷路に誘《いざな》っている。

　物語を書いた羽地朝秀は、「真の琉球の歴史を求めることを願う」というメッセージを残しているが、これは、彼の遺言のようなものであり、それに応《こた》えるのが人としての道であろうか？

　沖縄の島々に、八百年前に突如として誕生した不思議な琉球王朝。

国是は、

「海を舞台に、周囲の国々や人々と仲良くすることであり、相手を認め、敬意を表すこと」にあった。

がしかし、時代は移り変わり、様々な運命が島々を襲い、翻弄され、本来の姿を見失おうとしている。

このような時代にあって、

「在野の人たちが、今一度、沖縄の正史『中山世鑑』に立ち向かって、襟を正すことが、世界の和(輪)の創造に貢献する道であろう。」と。これが
羽地をはじめとした先達が、私達に託した念いに違いないのである。

特に奥里将建師諸見友重氏の故郷に対する愛情、熱情には最大の敬意を表し、新しい扉を開いてくれたことに心からエールを送るものである。


名護親方の次の言葉で、この物語をしめたいと思う。

～人生の有終の美は、自らの歴史を知り、自己を確立することにある～

この本の出版に際して、以下の会社や団体及び個人の方々にご賛同とご協力を賜りました。
心から感謝申し上げます。

㈱ワールド設計・小林文男会長　仲村渠政秀・松島中評議員
㈱はせがわ福岡本社（お仏壇のはせがわ）・長谷川裕一相談役　（医法）南部徳洲会病院
㈲グッドジョヴ上間強代表取締役　那覇市山川典二市議
㈱ナップルタクシー玉城哲代表取締役　沖宮上地一郎宮司
㈱浅海技術・屋宜宜久代表取締役　編集事務所ヴァリエ池宮照子代表
㈱沖縄三和メディカル仲田均顧問　たかくぼ内科クリニック高窪野恵院長

個人（敬称略）
川村輝行・上原美津男・前濵宏榮・兼城隆・宜野座勝哉・仲地清・名渡山義和・松田正彦・翁長春子・具志堅裕子・奥原英子・西平吟子・山田多枝子・田中千恵子・金城ゆかり・眞境名由子・上間和子・信良・由希子・杉山允也・友子・晴音・碧・冨永綾美・天野裕子・伊藝香織・仲田俊一　（順不同）

参考にしたもの

『訳注　中山世鑑』　諸見友重著
『岩屋天狗と千年王国』　窪田志一著
『沖縄に君臨した平家』　奥里将建著
『琉球いろは歌』　名護親方・程順則
『字通』　白川静著
『おもろさうし』　外間守善著
『保元物語』　日下　力訳注
『隋書・流求国伝』　唐の魏徴
『琉球国旗の巴旗』　金城唯仁著
『琉球舞踊』　沖縄県文化振興課
浦添商業高校校歌
崇元寺の下馬碑

著者略歴
上間信久（うえまのぶひさ・別称しんきゅう）
1947年沖縄県今帰仁村字今泊に生まれる。
国費沖縄留学生として神戸大学に入学。
卒業後、大京観光大阪支社、沖縄県庁を経て、琉球放送に入社。放送記者・ディレクターを担当後、東京支社へ転勤。営業担当常務を経て、QAB 常務へ転出。同社代表取締役社長就任後 2015年退職。
琉球いろはアイランズ社を設立して代表に。現在は、名護親方の『琉球いろは歌』の教室を開設して普及に務めている。

在野堂々『**中山世鑑**』を撃て！

2024年9月吉日発行
著書　　上 間 信 久
発行所　琉球いろはアイランズ社
　　　　〒900-0004　沖縄県那覇市銘苅 3 - 20 - 27
装丁・構成・イラスト　吉見万喜子・渡久山政浩
印刷・製本　（株）東洋企画印刷